1人1台端末で変える！

学級づくり

365日の
ICT活用術

宗實 直樹 著

明治図書

まえがき

　学級経営について語ることの難しさを感じています。学級経営はどうしても経験則によるものが多くなり，客観性が乏しくなる分野だと感じているからです。私の学級経営の「あり方」や「やり方」は，揺れ続けながらもある程度固まってはきています。しかしそれはあくまでも主観的なものであり，すべてに通用する一般的なものではありません。

　今回，「ICT 活用」ということで，それであれば少しは汎用的に紹介できるのではないかと感じました。「ツールを使う」という共通点が生まれ，一般化させやすいところも出てくるのではないかと考えたからです。

　本書では，具体的な実践やその時に考えたことなどを通して，１人１台端末を学級経営に活かすアイデアを紹介しています。中には過去には行ったけれども，今は行っていない実践もあります。これは，自分の考え方が変わってきたことや立場が変わってきたことが大きく影響しています。

　また，紹介している実践は，ICT を活用した内容ばかりではありません。ICT はあくまでもツールであり，目的は，子どもと教師のくらしや学級を豊かにすることです。ICT を活用すること自体が目的にならないように気をつける必要があります。ICT を活用している内容ではないけれど，もしICT を活用するならどうだろう，といった視点でお読みください。

　「これをやれば必ずうまくいく」ということは教育の世界にはありません。読者の方の性格や目の前の子どもの実態，学校での立場等，総合的に鑑みながら，あくまでも一つの「参考」として本書をご活用ください。

　必要としている方の手に渡り，その方にとって少しでもお役に立てれば幸いです。

宗實　直樹

もくじ

4月 出会いを喜び　丁寧さで安心感をつくる

11月 「文化」を育み創造する

12月 2学期のしめくくりと新年を迎える準備を

1月 次年度への調整をはじめる

スタートデザインで
8割が決まる！

学級経営の基礎基本

学級づくり×ICT のポイント

第1章

学級経営において大切なこと

学級経営とは

　平成22（2010）年３月作成の『生徒指導提要』第６章第４節には，

> 　この学級・ホームルームという場において，一人一人の児童生徒の成長発達が円滑にかつ確実に進むように，学校経営の基本方針の下に，学級・ホームルームを単位として展開される様々な教育活動の成果が上がるよう諸条件を整備し運営していくことが，学級経営・ホームルーム経営と言われるもの

と記されています。

　白松賢氏（2017）は，学級における学習のための秩序をつくること（条件整備）をねらいとした学級経営を「狭義の学級経営」と捉えています。また，児童生徒の立場を重視し，先生と児童生徒との協働の立場を重視する学級経営を「広義の学級経営」と捉えています。そして，児童生徒

二つの学級経営観

広義の学級経営
学級づくり（人間関係づくり，集団づくり，生活づくり）
全人教育をめざした学級経営（自律・自治）

狭義の学級経営
教室の秩序化
各教科の授業・教育活動
のための条件整備

白松賢（2017）『学級経営の教科書』東洋館出版社．白松氏掲載ご許諾済

の参画による自律的・自治的な活動を「学級づくり」と定義しています。

　図のように，「『狭義の学級経営』は，学力向上や問題行動の抑制を学校教育の成果と捉える教育観と親しく，一方で，『広義の学級経営』は，人格の形成を目指した総合的な人間力の育成（全人教育）を学校教育の成果と捉える教育観と親しい（親和性が高い）」と述べています。

　赤坂真二氏（2020）は，次頁図のように，学級集団を育成の手順とし，「①教師のリーダーシップ」「②子ども相互の良好な関係」「③学級機能」を

挙げています。

①では，子どもとの信頼関係を築き，それに基づいた教師の柔軟なリーダーシップを発揮することが求められます。

②では，自己理解と他者を尊重する気持ちをもとに，子ども同士の良好な関係を築くことが求められます。

③では，子どもたちが自治的・自発的な活動を組織し，協働的に問題解決を図れるようになることが求められます。

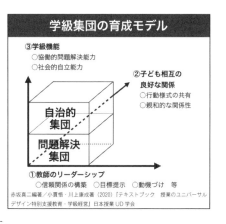

学級集団の育成モデル

③学級機能
○協働的問題解決能力
○社会的自立能力

②子ども相互の良好な関係
○行動様式の共有
○親和的な関係性

自治的
集団

問題解決
集団

①教師のリーダーシップ
○信頼関係の構築　○目標提示　○動機づけ　等

赤坂真二編著／小貫悟・川上康則成著（2020）『テキストブック　授業のユニバーサルデザイン特別支援教育・学級経営』日本授業 UD 学会

よりよい関係性を育む

　機能の高い学級を育てるためには，ある程度の順序性が必要だと考えられます。まず大切なのは，教師の柔軟なリーダーシップを発揮し，T—C の信頼関係を築くことです。この関係性を築くことができなければ学級経営は成り立ちません。子どもとの「関係性」をよりよく育んでいくため，私が大切にしたいことは，次の3つです。

①一貫する

　第1に，「一貫する」ことです。子どもたちは一貫性のなさに敏感です。教師は言動一致を強く意識することが重要です。言葉だけで行動しない有言不実行な教師の姿を子どもたちは嫌います。

　そう考えれば，自分ができないと思うことは強要するべきではありません。「自分が言っていることと行っていることの一貫性はあるのだろうか」と常日頃から自分を問い直す機会を設けるべきです。

　「一貫する」ということは，教室に必要なルールづくりにもつながります。

②おもしろがる

第2に，「おもしろがる」ことです。これは，共に笑える時間をつくる，と言ってもいいかもしれません。たわいもない瞬間，そういう一見無駄に感じられる時間をいかに大切にできるかです。子どもたちはそういう時に「素」の姿を見せます。その状態の時間をいかに共有できるかが重要です。お互いが素の姿で大いに笑い合える時間を大切にしたいです。

「おもしろがる」ということは，教師がゆとりをもつということです。ゆとりをもつことで子どもをよく見られるようになります。

③任せる

第3に，「任せること」です。人は，任せられた時に大きな力を発揮します。人に任せるということは人を信じるということです。また，人に任せられるということは人に認められているということです。

任せることで，子どもたちが自己選択・自己決定する機会を設けます。自分で選択し，決定することは，自分で責任をもつということです。失敗は大いにあります。しかし，子どもが挑戦をした時の失敗は本当の失敗ではありません。その姿をゆとりをもって見つめる教師のまなざしが必要です。

「任せる」ことは，「あなたを全面的に信頼しているよ」ということを暗に伝えています。

●信・敬・慕

野口芳宏氏（2010）は教育という営みが成立するための，教師と子どもたちとの間の必要条件として「信」「敬」「慕」の3つを挙げています。教師が子どもたちに信頼されること，尊敬されること，慕われることです。

その条件を満たすことは一見簡単なようで簡単ではありません。「一貫すること」「おもしろがること」「任せること」を常に意識し，「信」「敬」「慕」の3つの条件を満たせるようにしたいものです。この3つの条件を満たせば，子どもたちとの「関係性」は良好と言えるのではないでしょうか。

学級づくり×ICT

■ともに学級を創る

　子どもたちの資質・能力を養うため、これからは安定的なだけでなく、新しい価値を生み出せるような主体的な学級経営が必要です。また、異質を受け入れ、協働できるような多様性を認め合える関係性が必要になってきます。

　白松賢氏（2017）は、右の図のように学級経営を領域で整理しています。「必然的領域」は、簡単には「ルールとして守らせていくべきこと」、「計画的領域」は、どちらかというと「教師が教えていくべきこと」です。「偶発的領域」は、「教師が育て、子どもが創り出すこと」です。

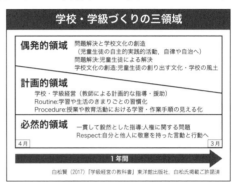

学級・学校づくりの三領域

偶発的領域
問題解決と学校文化の創造
（児童生徒の自主的実践的活動、自律や自治へ）
問題解決:児童生徒による解決
学校文化の創造:児童生徒の創り出す文化・学校の風土

計画的領域
学校・学級経営（教師による計画的な指導・援助）
Routine:学習や生活のきまりごとの習慣化
Procedure:授業や教育活動における学習・作業手順の見える化

必然的領域
一貫して毅然とした指導:人権に関する問題
Respect:自分と他人に敬意を持った言動や行動へ

4月　　　　　　　　　　　　　　　　　　　　　　　3月

1年間

白松賢（2017）『学級経営の教科書』東洋館出版社、白松氏掲載ご許諾済

　「必然的領域」に値する事項は1年間をかけて守るべきことです。「計画的領域」は4月に大きく発揮され、徐々に少なくしていくべき事項です。逆に、「偶発的領域」は4月から時間がたつにつれて大きくしていくべき事項と考えられます。つまり、はじめは教師の手を多く入れていくのですが、徐々に教師は見守り、子どもが自治的に活動できるようにしていくのです。

　これらの領域のことを白松氏は、

> 必然的領域＝学級のあたたかさを創る
> 計画的領域＝できることを増やす
> 偶発的領域＝ともに学級を創る

と表現しています。

　ICTの活用は、どの領域においても効果的に行えると考えられます。その中でも特に、〈ともに学級を創る〉偶発的領域において効果的に機能すると考えられます。自分たちで自分たちのクラスをよりよくしようとする視点

をもつことがより機能させていくポイントです。本書では，主に偶発的領域における ICT 活用の事例を多く紹介していきます。

また，ICT の使用は，先に述べた「一貫する」「面白がる」「任せる」ことを促進させます。つまり，ICT の使用は，学級経営をよりよくしていく可能性を大いに秘めているということです。

■2軸での活用

中川一史氏（2021）は，下の図のように，

①授業での効果的活用
②授業以外での効果的活用
③授業での日常的活用
④授業以外での日常的活用

に分類しています。①②の効果的活用ができるにこしたことはありません。書籍等で見られる実践も，この①②に特化した内容が多いでしょう。しかし，①②に渡るためには，③④が必要となってきます。子どもたちが文房具のように使い慣れるという段階です。

本書では，①②の内容だけでなく，③④の内容も数多く紹介していきます。特別なことではなく，ごく当たり前の内容です。つまり，効果的な活用だけでなく日常的な使い方も意識しています。効果的な活用を考えれば，日常的な活用が必須です。ほんの少し

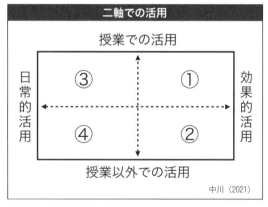

のことでも使っていこうという意識が必要です。例えば，まずは端末のカメラ機能から使いこなすといった段階です。

さらに言えば，本書では ICT を活用していない場面も記述しています。何でもかんでも ICT を使うことが目的ではなく，ICT 活用を通して学級経営を豊かにしていくことが目的です。手段のみが先行しないようにする必要があります。ICT が使われていない場面では，「もし ICT を使ったらどうなるだろうか」といった読み方をしていただけると幸いです。

■学習支援アプリ

　様々な学習支援アプリが存在します。本校ではロイロノート・スクール（株式会社 LoiLo が提供しているタブレット用授業支援アプリのこと。以下，ロイロ）を使っています。学習におけるロイロの特徴を右の図のように考えています。

ロイロノートの特徴		
保存化	即時性	■資料やデータをすぐに配布，回収，提示することができる。 ■データを継続的に蓄積することができる。（ポートフォリオ） ■手元で資料を見ることができる。
	明示性	
共有化	柔軟性	■文字テキストや画像テキストの順序性や関係性が見えやすく，画面上でテキストの加工がしやすい。 ■一斉に提示し，比較検討しやすい。

　子どもたちのもつデータの保存化や共有化を促進します。これらは，授業外においても同様です。つまり，時間や空間をこえてやり取りをしたり，つながったりできる可能性を秘めています。

　このような視点で学級経営について考えると，今までできなかったことができるようになったり，今までできていたことがさらに発展してできるようになったりすると考えられます。学習支援アプリは多くの機能を有しています。右下の図のように，何ができるようになればいいのか，チェックカードのようなものをつくっておくと整理しやすくなります。本書ではロイロの実践が中心となりますが，右上の図のような特徴は，多くの学習支援アプリが有している特徴だと考えられます。使用している学習支援アプリに代えつつ考えていただけると幸いです。

ロイロノートでマスターしたい基本操作		
ログイン ログアウト	提出箱 作成	添削・返却
テキスト カードの使用	資料箱 活用	回答共有
テスト カードの使用	アンケート カードの使用	思考ツール の使用

■実践の整理

　学級経営は経験則によるものが多くなりますが，感覚だけでやるのは危険です。主観的で客観性に乏しくなるからです。そこで必要になってくる作業は実践を整理することです。事実やデータの蓄積とそこから導き出される理論を構築することが重要です。

　ICT は実践の整理をしやすくしてくれます。例えば，授業記録や子どもの記録をとること，学級事務等，様々なデータを一元化し，ふり返りやすくできます。実践を整理していく営みは，教師のよりよいあり方につながり，学級経営に直結してきます。

共に歩む

　1人1台端末環境は，教師にとっても子どもにとってもはじめてのことです。わからないことがたくさん出てきます。大切なことは「共に歩む」ということです。何でも教師が進めるのではなく，子どもに相談したり，子どもに訊いてみたりすることも必要でしょう。子どもの方がよりよい案を出してくれることが多々あります。また，子どもと共に試行錯誤する時間も必要です。いろいろとやりながら，共に困難を乗り越え，共によりよい方向へ向かっていく視点が必要です。その視点をもつことが，きっと豊かな学級づくりにつながります。

〈引用・参考文献〉
・文部科学省（2010）『生徒指導提要』
・白松賢（2017）『学級経営の教科書』東洋館出版社
・赤坂真二編著／小貫悟・川上康成著（2020）『テキストブック　授業のユニバーサルデザイン特別支援教育・学級経営』日本授業 UD 学会
・野口芳宏（2010）『利他の教育実践哲学』小学館
・中川一史・赤堀侃司（2021）『GIGA スクール時代の学びを拓く！PC 1 人 1 台授業スタートブック』ぎょうせい
・樋口万太郎・宗實直樹・吉金佳能（2021）『GIGA スクール構想で変える！1 人 1 台端末時代の授業づくり 2』明治図書

スタートで8割が決まる！ 学級開きのポイント

　毎年3月末になると「学級開き」関係の書籍を漁っていました。学級開きをどんな方法でやろうかな，どんなネタで入ろうかな……と。

　しかし，「何をやるか」だけが大切ではないことに気がついた時期がありました。なぜ「学級開き」を意識することが大切なのかを考えなければいけません。様々ありますが，まずは子どもたちに「安心」を与えることです。

　子どもたちは期待でドキドキしているでしょう。しかし，その期待と裏腹に「不安」で仕方がないという子もいます。その「不安」を「安心」に変えることが一番です。「安心」を与えてくれた者には子どもたちは心を開きやすくなります。そこから教師に対する「信頼」も生まれます。

　まずその一点を大切にしておけば，「何をするか」はそれぞれの教師のキャラクターや特性に合わせて考えればよいでしょう。例えば，楽しいゲームでコミュニケーションを図って明るい雰囲気で安心させたり，ユニークな自己紹介を行い教師が自己開示することで安心させたりすることです。もちろん目の前の子どもたちの実態に合わせながら行うことが重要です。

　学級開きは，子どもに「安心感」を与え，「信頼」を獲得するために考えます。

丁寧さ

　子どもに安心感を与えるためには「丁寧さ」が必要です。丁寧さは，子どもたちに会う当日のことと，それまでの準備が考えられます。

　学級開きでは，きっと教師も「あれをやりたい」「これをやりたい」ということがいっぱいあるでしょう。しかし，その中から，最低限これは絶対にやるべきだということを絞るべきです。

堀裕嗣氏（2018）は，『最強の学級開き』の中で「学級開きの10原理」を示しています。以下に記し，簡単に説明します。

①一時一事の原理
　一時にひとつのことしか指示しないこと。

②全体指導の原理
　全員に周知すべきことは全員に確認すること。

③具体作業の原理
　具体的な作業として担任がやって見せたことを子どもにもさせて確認すること。

④定着確認の原理
　具体作業に従ってルールを確認したら，それが定着するまで見届けること。

⑤具体描写の原理
　抽象的な説明を，目に浮かぶようなことで具体的に描写すること。

⑥時間指定の原理
　作業や提出物の期限等の時間の目処を明確に示すこと。

⑦即時対応の原理
　子どもや保護者に尋ねられたり頼まれたりすることにすぐに対応すること。

⑧素行評価の原理
　休み時間など，子どもたちの「素」に近い状態を観察すること。

⑨一貫指導の原理
　年度当初に一度指導したことを，１年間一貫して指導し続けること。

⑩同一歩調の原理
　自分がやりたいことをしっかり学年の教師などに伝えること。

　これらは，学級開きの時に大切にするべきことであると同時に，１年間折に触れて確認するべき原理です。
　最後に堀氏は，「『学級開き』というよりも，年度当初の２〜３ヶ月程度においては，自分のできる最大限の丁寧さによって，自分が思いつく限りの配

慮を施す，そうした姿勢で臨まなければならない時代になった」ということを強調しています。

　「黄金の3日間」という言葉が有名ですが，「2〜3ヶ月程度」「自分が思いつく限りの配慮を施す」という堀氏の言葉が印象に残ります。

準備

　事前に準備をすることで，ゆとりが生まれます。ゆとりがあれば，余裕のある態度で子どもたちにも接することができます。

　例えば，右のようなチェックシートを用意することも考えられます。

　このリストを自分の端末に入れ，常にチェックするように3月末を過ごしています。

新学期準備項目

学年
- □5月学年通信
- □学年の保（会計・積立金）
- □教科書選定・報告
- □学年目標
- □年間計画
- □遠足・校外学習の年間計画
- □5月以降の学年通信
- □学年掲示板
- □迎える会の出し物

クラス配付資料
- □児童指導資料（クラス番号記入）
- □保健調査票（クラス番号記入）
- □健康の記録（クラス番号記入）
- □健康診断表（クラス番号記入）
- □指導要録（クラス番号記入）

教室掲示
- □掲示板の使い方
- □ロッカー決定（1年生は，列を意識して）
- □給食エプロンの位置
- □黒板（背面）の使い方
- □時間割（忘れ物をしない時間割に）
- □時程表
- □教科書の配布
- □配布証明書
- □係決定
- □座席決定
- □祝・椅子決定
- □日番の仕事
- □日番のカード
- □朝の会・終わりの会について
- □めあてについて
- □朝学メニュー
- □当番活動
- □掃除当番表・清掃指導
- □給食当番・給食指導
- □学級名簿（名前順）
- □学級名簿（背の順）
- □学級名簿（誕生日順）
- □献立表
- □生活目標
- □委員会確認
- □クラブ確認
- □町別児童会・班の確認
- □学級文庫
- □クラスの歴史
- □学校・学年・学級目標
- □習字フォルダ
- □A4ファイル（後ろと廊下）

学級づくり・学級事務
- □年間構想作り（昨年度反省，つけたい力，目指す子ども像，続けたい実践）
- □出逢いのシナリオ
- □学級開きアイデア
- □教師ががんばること（目標）
- □大切にしてほしいこと
- □許さないこと
- □3日間計画
- □指導要録，前担任より情報収集
- □クラス像を描く→学級づくり（教育目標を元に）
- □学級経営案
- □各教科の1年間の計画（全教科書上を通す）
- □各教科授業開き
- □指導ノート・ファイルづくり
- □教師用教科書・指導書
- □個別の指導計画チェック
- □学力把握（学期ごと）
- □ノート指導計画
- □家庭訪問計画
- □持ち物確認
- □教育ソフト，ゲームネタ　チェック
- □学級通信　第1号～3号（春休み中）
- □教材費・学年費　旅行積立会計表作成
- □時間割の決定
- □児童名簿
- □児童連絡網
- □児童個人記録表作成
- □教室の掃除
- □教室へ行って準備物のイメージをする
- □教師机の道具整理
- □赤鉛筆・ミニ定規・マスク・わりばしの準備
- □下駄箱の名前シール貼り
- □棚の名前シール貼り
- □黒板名前プレートづくり
- □背面黒板枠づくり
- □側面掲示板作り
- □自己紹介カード
- □個人めあてカード
- □本読みカード
- □自分ノート（特活・道徳 etc）
- □日々のふり返りノート
- □議題箱
- □議題用紙
- □学級用グッズ
- □クラスの歴史カード

スタートデザインリスト

　かなり綿密に計画を立てておきます。

　先に述べたように，まず子どもたちに与えるのは「安心感」です。「あ，この先生なら大丈夫」と感じさせなければいけません。そのための綿密な準備，構想がスタートデザインです。少なくとも子どもたちと出会う日から3日間の綿密な予定を記しておきます。

　少し長くなりますが，以下に，ある年の私の3日間のスタートデザインリ

ストを紹介します。一般化せずにそのまま記述していますので，固有の表現
も多々あります。ご容赦ください。参考になる部分だけご活用ください。

〈1日目〉4月8日（水）始業礼拝

> ☆学級開きの日は子どもたちに「安心感」を与え「信頼」を獲得するこ
> とを大切にする。そのために「丁寧さ」を意識し活動を用意する。

●登校
　・クラス名簿 ABC 確認（靴箱提示）
　・座席確認（ホワイトボード掲示）
　・板書
　※ロッカーに荷物を入れましょう。（ロッカー・靴箱に氏名シール）
　※靴箱に靴を入れましょう。
　※提出物は後で担任が集めます。もっておきましょう。

●始業礼拝　8：45〜9：45（9：50まで移動）

●学年集会　9：50〜（教室フロア。トイレは後）
　※担任団からの話。1人2分，5人で10分程度。転入生紹介。
　　（話の例：「感じのいい6年生になろう。慕われる6年生になろう。愛さ
　　れる6年生になろう。そして下級生や友だち，自分の学校を愛そう」）

●各 ABC 教室へ移動

●担任自己紹介　〜10：15　※プレゼン形式で
　→担任の自己開示。自分が開くから子どもも開いてくれる。
　→たくさん笑わせる。笑うから楽しくなる。笑う子は伸びる。
　※学級通信（手渡し。「どうぞ」「ありがとう」の確認，配布物の右上に番
　　号を書くことの確認）

●呼名＋その子のいいところ（前年度の要録から記録しておく）　〜10：30
　「はじめてあなたたち一人ひとりの名前を呼ぶ時間です。大切にさせてく
　ださい。周りの温かく見守る空気をつくってください」

●担任所信表明　〜10：35

　※自己紹介の中にも哲学を含めておく。

　※クラスで育てる哲学の伏線を張る。

　　・愛の反対は無関心→反応できるクラス

　　・群れからチームへ→支え合えるクラス

　　・時を守り，場を清め，礼を正す（人を想う）

　　　→可動棚やロッカーの使い方（ひものダランはだめ）※実際に見せる

　　・自分たちで判断する。自治（自分たちでつくる）

●回収物・封筒＆ぞうきん（出席番号順）　〜10：40

　※出席番号の集め方の説明→５人ずつ集める。１年間通す。

●エルダーズルームより，自分の荷物をとって机の上に置かせる　〜10：45

●教科書を取りに行く

●可動棚の移動（ABC それぞれ教室前まで）　〜10：50

　※２グループに分けて作業。「最初のミッションです！」

●休憩（５分）　〜10：55

●児童個人写真撮影→プロフィール作成用写真　〜11：05

　※他の子の撮影時に自分のプロフィールを書かせる。

　※自習の時の約束「話さない」「立ち歩かない」を伝えて静かに書かせる。

●配付　教科書＆手紙類（最後に。記名は家でゆっくり丁寧に）　〜11：10

　※「どうぞ」「ありがとう」を言いつつ両手で。相手の方へ向けて。

　※プリント類すべてに出席番号を書く癖をつける。　※板書「丁寧さ」

　※教科書類，プリント書けたら机の右上に揃える。　※板書「揃える」

●足跡（ふり返り）ノート（記念すべき第１回目）　〜11：15

　※いつ書くか→６時間目終了後の５分間。

　※扱い方→価値あるものは紹介する。（内容によっては確認）

　※日付，No，題名「６年Ｂ組になって」

●連絡帳（宿題）　〜11：20

　※毎回チェック（丁寧に書けているか評価する）

※提出の仕方，チェックの動線

【宿題】

　・プロフィール作成（学級向け）※提出

　・もっと教えてカード（先生向け）※提出

　・係活動（クリエイティブで人を幸せにできるもの）

　・教科書記名（驚くほど美しい字で）

　　　→宿題提出物はすべて名前の順に出す。

　　　　※提出の仕方をしっかりと教える。

【持ち物】

社会科教科書，音楽セット，絵の具セット，保健調査票，健康調査票，
児童個人票，PTA総会紙

【連絡】

　・通常授業開始　　　・弁当開始

●ゴミ拾い・整頓

※一人5つ拾う。

　→帰る前に場を清める。

　→＋a（言われたこと以上）の意識を伝える。

●時間があればPAゲーム（つながるゲーム，楽しい気持ちになる）

※T―Cゲームから，C―Cゲームへ。学級の実態に応じて臨機応変に。

※T―Cゲーム→「スーパーじゃんけん」「同じが勝ちよ！」「違うが勝ち
　　　　　　　よ！」「船長さんの命令」「落ちた落ちたゲーム」など。

　C―Cゲーム→「電気おくり」「にょろにょろどじょう」「セブンイレブ
　　　　　　　ンじゃんけん」「とんかつじゃんけん」「じゃんけん自己
　　　　　　　紹介（勝った方から名前と好きなものを訊く。最後に覚
　　　　　　　えている分を発表してもらう）」「共通点ゲーム（○人で
　　　　　　　集まる，共通点を探す）」　など。

●お祈り

※今日は担任が行う。

〈例〉「今日，この６年Ｂ組教室に32人が集いました。ワクワクする気持ちだけでなく，不安もいっぱいあった今日だと思います。その不安が安心に変わり，この教室でみんながたくさんの幸せな気持ちになれるよう見守ってください。この出会いを大切にし，感謝します。これからの６年Ｂ組の豊かな歩みをどうぞ見守ってください」

●あいさつ　11：20下校

※起立２秒→「素早い行動」を意識することで頭と心が豊かになる。人の時間を大切にでき，人を幸せにできる。

※椅子の入れ方→入らない音をなくすことで場を清める。

★できれば一人ひとりを観察して通信等に書けるようにしておく（「○○君は～が好きなのかな？」「○○さんの笑顔が素敵でした」など）。

〈２日目〉４月９日（木）

> ☆授業をはじめ，学ぶことの愉しさや何を大切にして学ぶのかを伝える。

※学年の打ち合わせは職員朝礼前にすまし，職員朝礼後はすぐに教室へ。

●宿題の確認

※出し方は揃えて丁寧に。　※提出することの大切さの確認。

●初日の感想を伝える（肯定的な分析を）

※余裕があれば一人ひとりのことを学級通信等で伝える。

●日直の仕事確認

・朝の会の司会（号令，出席調べ）

・授業のあいさつ（次の時間の予告をしてから終わりのあいさつ）

・昼礼，終礼の司会（明日の予定の確認）など

●学級当番・掃除当番決め

●委員会決め

●係活動→写真撮る。用紙つくり

●朝の時間の確認（追究活動）

●背の順を決める（身体測定までは名前の順）

●鉄板授業

　※はじめての授業を鉄板授業で。投げ込み教材でも可。

　※みんなで考えることのよさや授業で伸びるという期待感をもたせる。

●外で遊ぶ

　→移動方法を確認。　※相手への思いやり

●外から教室までの時間計測

　→２分以内に帰れる。今後その時間を考えて教室まで遅れずにする。

●「なぜ学校にくるのか？」

　→「自分を磨くため」「自分と人を幸せにできる人になるため」

　　※板書「磨き続ける」

●叱ること３つ

　・命に関わる危ないことをした時

　・人の不幸の上に自分の幸せを築こうとした時

　・３回注意しても直そうとしない時

●委員会

●足跡ノート（５分間）

　【宿題】自主学習

　【連絡】応援団立候補について

〈３日目〉４月10日（金）

> ☆２日間のルール等を確認し，価値づけ，方向づけていく。定着させ，
> 　安定感をもたせていく。

●スタート２日間の感想を伝える（肯定的な分析を）

　※子どもの「足跡ノート（ふり返りノート）」を紹介する。

●日直のやり方の確認

●ランチタイムの約束

　※４時間目終了後，日直「○分に昼礼をはじめます」

※机の形にする→手を洗う→弁当を用意。

●自己紹介（グループで）

※紹介の仕方を工夫することでより盛り上げる。

〈例〉自己紹介の文を３択でつくる→その中の１つを，本当のような嘘の話にする→嘘を見抜かれないようにする。

●自主学習の紹介

賞賛すると共に，さらによくなる方法を伝授。

※３日間のスタートデザインリストについて

　→学年の打ち合わせなどを参考に作成していく。

　→学年で相談しながらデザインしていくことが望ましい。

以上です。

　見ていただくとおわかりになるように，１日目は時間がタイトなので，時刻も明記しています。２日目から時間割に応じた活動になりますので，ざっくりと明記しています。右下のような感じで端末に時間割を入れ，大まかに見通しをもてるようにしています。

　スタートデザインリストは，もちろん記述している通りにはなりません。書いたことを必ずするために記述しているのではありません。あくまでも余裕をもって対応し，言語化することで自分に意識させるためです。

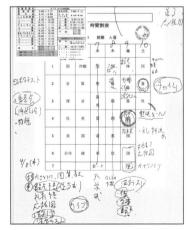

　後でふり返ってみて，できたものは○，できなかったものは△をつけます。その時の様子をメモしたり，自分の感想や想いを書き込むのもいいでしょう。次の日の参考になり，また，保存しておけば来年度の参考にもなります。

　次頁のような感じです。毎年大きく変わるものではないので，前年度からのメモを

参考にしながらその年に応じて修正していきます。

たかがゲーム　されどゲーム

　学期はじめにゲームやアクティビティをする学級は多いでしょう（ゲームには勝敗があり，アクティビティには勝敗がないという捉えです）。その時に考えておきたいことを以下に述べていきます。

　例えば30人クラスで考えます。3人や5人，6人グループは「あまり」が出ません。「今からゲームをします。まず手をたたいた人数のグループになってください」と指示を出します。

　まずは5人か6人のあまりがでない数です。その時のグループの組み方をよく見ておきます。学級はじめのこの時期は完全に特徴が出ます。「前クラスの子同士」「男女別」「仲よし同士」，まだ不安がある中，こうなるのは当然です。しかし，そうでないグループも出てきます。前クラス，男女等関係なく組んでいるグループです。それをしっかり価値づけます。

　次は4人であまりが出る数です。グループに入れない子が出てきます。待ちます。自分のグループができた時に，周りの様子を見ている子や，声をか

ける子がいます。その子を見つけておもいっきり褒め，価値づけます。もしそれでもなければ教師が促してもいいでしょう。すると次はそういう子が断然増えてきます。安全地帯にいる子が，いかに周りで困っている子にはたらきかけることができるかが大切です。

　このような場面を学級はじめに意図的に仕組みます。「みんな仲良く」「男女仲良く」「協力する」というのは，言葉で言ってもあまりイメージできません。だから敢えて不十分な状況をつくり，活動を通して実感させていきます。ゲームを通してどんな学級にしたいのかを伝えていきます。

　たかがゲーム。されどゲーム。最初に教師が声をかけて動きをつくるのではなく，まず子どもたちに活動させて気づきを広める。そうすることであることの問題を意識化させ，望ましい状態に自分たちでしていきます。そのことを学期はじめだからこそ実感させます。

　教師は待ち，様子を見て，子どもたち自身で問題解決の力をつけられるようにします。あるべき姿を子どもたち自らつかみとれるようにします。教師は子どもたちをしっかり見て，よさを広げる「眼」をもちたいものです。

　ですから，このようなゲームやアクティビティをする時，私は子どもたちと一緒になって活動しません。もちろん一体感を得るために共に活動することもありますが，少なくとも学期はじめは子どもの様子をよく見るようにしています。

　持参している端末でその様子の写真を撮りながら見ておくと，後からの気づきも多くなります。人のために行動している子どもたちを見ると幸せな気持ちになります。素直に「あなたたちの担任になれて私は幸せです」と伝えることができます。

　幸福感あふれる学級はじめの時間にしたいものです。

その日の記録を見る

　私は，「日々是好日」と題して，簡易記録を毎日綴っています。月日がたつにつれて書きぶりも変わってきましたが，以下に，ある年の始業日の記録を紹介いたします。ありのままの事実やその時の心情などを綴っています。体裁や書きぶりも整えず，そのままの文を紹介しますので，読みにくい点はご容赦ください。

〈2013年度〉

「日々是好日1」　4月8日（月）

　島の子たちとの出逢いの日。

　とても気持ちのいい島の朝。

　着任の挨拶は，なかなか緊張した。

　担任発表の後，子どもたちの前に立つと，笑顔で迎えてくれた。

　本校では，5年生も入学式に参加する。

　よく働く子たちだ。

　しかし，挨拶と，言葉遣いが……う〜ん……。

　ここらへんはみっちり鍛えていく必要がありそう。

　本校職員の返事はすごくいい。

　「ハイッ！」

　教室で子どもたちの名前を呼ぶ時に「ハイッ！」の「ッ」の部分を意識させた。

　それだけで随分と返事はよくなった。

　素直な子たち。打てば響く感あり。

　名前を呼ぶとともに，その子のいい所や努力の様子を付け加えた。

　予め要録を見て，記録していた。

　照れながらもいい笑顔を見せてくれた。

　今日できたことはそれぐらい。

会場片付けもあり，とにかくバッタバタの一日。

そして明日は離任式。

木曜は生徒指導の出張。

金曜も出張。

船の時刻があるために，ほとんど学校にいられない。

せっかく子どもたちと出逢ったばかりなのに，なんだかなぁ……。

放課後，子どもたちが遊びにきていたが，遊べず。

職員会議が13：30〜15：15まであった。

頭パンクの一日。

でも素敵な一日。

〈2015年度〉

「日々是好日421」　4月8日（水）

いよいよ新天地での新学期が始まる。

待ちに待った子どもたちとの出逢いの日。

●始業礼拝

祈りで始まり祈りで終わる。

今までにない厳かな雰囲気。

昨日の入学式も，「かわいらしい」雰囲気はほとんどない。

厳か。

着任のあいさつ。

「海からやってきた男です。珍しい名前ですが，宗實（むねざね），覚えてください」

●教室にて

無言で整列して教室まで移動。

教室へ入るやいなや，べたべたとまとわりついて質問の嵐。

人なつっこすぎる（笑）

イメージとは全く違っていた（笑）

そういう意味では安心。

笑いも十分通じる。

さて，この子たちをどう伸ばしていこうか。

楽しみだ。

●自己紹介

自己紹介をしながら，子どもたちの反応を見ていく。

しっかりものは女子。

男子のほとんどはお調子者（笑）

まとわりついてくる子はおいといて，その周りの子の様子を見る。

その中で気になる女の子が1名。

表情がすごく気になった。

明日もよく見てみようと思う。

まだ全員の顔と名前は一致しない。

しかし，だいたいの雰囲気はわかった。

それだけゆっくりと会話しながら出逢いを進めた。

当然，予定していたことの半分もできていない。

今日は一人ひとりと少しだけでも話せたのでよしとしよう。

明日は，どっぷり自己紹介。

昨年度，島の6年生の子たちが書いてくれた「宗實先生紹介」と坊勢の海と風景をいっぱい見せてやろうと思う。

ゆっくりと学級開きをしていきたい。

昔は自分の想いなどをガンガンに最初に伝えてきた。

今はしない。

まずは子どもたちを受け入れて，ぽちぽちとやる。

ほんまに，ぽちぽちと。

●終礼

帰る前のお祈り。

黙祷しながら，日直の子が，

「今日は，５年Ｂ組がスタートした日です。これからの５年Ｂ組が楽しく仲良くしていけるように……」といった感じで上手に，そして大切なことを話している。

　教師が下手にしゃべるよりよっぽどいい。

　最後は元気よく「さようなら‼」

●実践

　自分が今まで実践してきたことが制限されているところはある。

　正直，「やっていけるだろうか……」と思ったが，また違う所で勝負をし，新たな実践ができるように切り替えていこうと思った。

　そういった所では，ある意味変われるいいチャンスかも知れない。

　自分らしさを失わずに，自分らしく変化していきたいと思う。

　赤裸々に書いていますので少し恥ずかしいですが，何となく始業日当日の様子や気持ちなどもわかっていただけたのではないかと思います。

　こうやって記録をとっておき，始業日だけの記録を集めてみても，自分の当時のあり方や変遷が見えます。記録のスタイルにより見え方も違いますが，そこから得られるヒントも少なくありません。学級開きのアイデアやあり方を教えてくれるのは，他でもなく，自分自身なのかもしれません。

〈引用・参考文献〉
・赤坂真二・堀裕嗣編著（2018）『最強の学級開き』明治図書
・「授業づくりネットワーク」編集部編（1994）『学級づくり・出会いの演出』学事出版

子どもに訊いて聴く

Zoomを使用した同期型オンライン授業がはじまりました。対面と違うオンライン授業のおもしろさを感じています。

例えば，チャットを使用することでリアルタイムに子どものつぶやき（思考）が見えて拾えることです。子どものつぶやきで授業が進みます。かなり非構成的になるけれど，ライブ感があっておもしろいです。オンライン授業は，対面授業と変えてはいけない本質的な部分がありますが，対面とはまったく別ものと考えた方がいい部分もあります。

子どもは実際にどう感じていたのか。子どもたちに訊いてみました。子どもたちの〈ふり返り〉を読むとたくさんの発見がありました。

何か新しいことをしたり，変化することがあれば，必ず子どもたちに訊き，声を聴くようにしています。それが大切だし，おもしろいです。

年々，「子どもに訊く」ことが増えています。

子どもに訊くことで子どもの声を聴けるようになります。また，子どもに訊いて聴きながら共に歩んでいこうとすることができます。

１人１台端末で
変える！

学級づくり
365日

安心感と成長を育む
ICT 活用術

第**2**章

4月 ● ● ●

出会いを喜び　丁寧さで安心感をつくる

　みんなキラキラの4月。新しい生活にやる気いっぱいで希望に満ちあふれています。4月の子どもたちは新鮮な気持ちで，ある意味「よい子」に見えます。教師にとっては「やりやすい」時期なのかもしれません。しかしそこに落とし穴があります。この時期の「やりやすい」という錯覚をもって物事を進めていくと，後でしっぺ返しをくらいます。

　吉田順氏（2016）に『その手抜きが荒れをまねく』という，少し刺激的な題の書籍があります。その「はじめに」で，次のように述べています。「生徒指導や学級経営は落ち着いている時にこそ，『手抜き』をせずにやっておくことが一番いいとわかりました」「落ち着いているからこそ，気がつかない『手抜き』があるのです」。

　長岡文雄氏（1975）は，人間として，全体的に統一してつかむために子どもを「さぐる」という表現を使っています。

　「『真に教える』ということは，『子どもをさぐることのなかにしか成立しない』」

と述べています。

　4月は丁寧すぎると言われるほど丁寧に。そして子どもをよく観察し，さぐっていく時期です。

✓ 平等性と関係性

　2020年度，いきなり休校からの新年度がスタートしました。Zoomによる学級会で子どもたちと出会ったことを覚えています。その当時に感じたことを以下のように記録しています。少し長いですが，引用します。

同期のオンラインについて意識した方がいいことを述べる。

まずは Zoom による朝の会について。初期の段階で気をつけるべきことは，「平等性」である。オンラインでのやり取りは，ある意味非日常である。このような非日常の時に，同じように平等に子どもたちに目を配れているかということである。例えば，いつも同じ子とばかり話していないか，全員と話すことができたのか，チェックをしておくべきである。また，どの子とも１対１で話せる機会を設けようとする工夫が必要である。例えば，早く待機状態で待っている子を先に入室させて少しの時間でも話す時間をつくるなどである。平等性はこれからの信頼にもつながる。

あれこれやろうと考えすぎない方がいい。あくまでも同期オンラインの初期の目的は，子どもたちとつながることである。ゆっくりとやることである。「先生も勉強中。一緒にゆっくりやっていこうね」ぐらいの感覚でよい。子どもたちもその方が安心する。活動は少なくして，子どもとのやりとり，子ども同士のやりとりを多くした方がいい。雑談的に進める感じである。ゆっくりと同じ時間を共有していくことが大切である。

オンラインでしかできない機能，コミュニケーションのとり方を理解しておくべきである。慣れてくれば，様々な機能を試していけばいい。例えば，チャット機能やブレイクアウトルーム機能である。チャットは意図的にさせていない学校もある。私は学年や実態に応じて使っていいと思っている。ただし，起こりうるマイナスを想定しておくことが条件である。例えば，ふざけることや，私語的なチャットになってしまうというような状態である。その時は，止める。そして，考えさせる。書き言葉は話し言葉と違って残る。消すことができない。どういうチャットがあるべき姿なのか，子どもたちに考えさせ，理解させる。このようなことを折に触れて行う必要がある。ただ放っておくと荒れる。ブレイクアウトルームも同じである。少人数のグループにわける。しかし，まだ子どもとリアルに会って，人間関係も把握していない状態でやるのは難しいと捉える。昨年からの人間関係を引きずっている中で，教師の目が届かない状態にするのは非常に危険である。また，まだ関係性もつかめていない子ども同士が少人数に分けられても柔らかさが出てこない。そのあたりを踏まえて行うべきである。つまり，ある程度の人間関係を把握してから行う方がいい。そして，課題や事後の活動を明確にしておくことである。つまり，発問，指示，説明を明確にしておくことである。そうしなければ，ただだまって時間を過ごすことになるであろう。

もちろんこれらの利点は大いにある。例えば，話すことが苦手な子でも，チャットを使って表現できる子はいる。またチャットに書かれた言葉から話を広げたり深めたりすることもできる。つまり，リアルにやりとりができない代わりにチャットのつぶやきを拾うことで話を進めることができるのである。そして，「つぶやき」と「私語」の違いも考えさせることができる。これは，普段の教室の中でも考えさせることである。また，ブレイクアウトルームを使用することで，子どもたちの発話量を増やすこともできる。うまくいけば，全体ではとれなかったコミュニケーションを少人数でとることも考えられる。今，子どもたちの状態がどのようなもの

なのかを見取り，適切に行う必要がある。

多くの機能を使い同期のオンラインで進めていくことは，非常に多くの情報量になる。それを把握し，整理していく必要がある。価値を共有し，時には問題を投げかけることも必要である。

ツールはあくまでもツール。何を目的としているのか，教師がどのような哲学を伝えようとしているのかを考えることが大切であることは言うまでもない。

今ふり返ってみると，子どもたちとの信頼関係を築こうとすることと，自身の考えを伝えようとしていることがわかります。「平等性をもつこと」「余裕をもつこと」「子ども同士の関係を見ること」，どれも4月には重要なことです。

✓ 子どもを知る ▶

子どものことを知るために，次のようなカードを手渡したことがあります。

子どもたちから回収したものをデータとして端末で保存し，一覧にしておくことで，折に触れて見られるようになります。

> 「もっと教えてください！」
>
> 自己紹介，お願い，やる気・意欲，メッセージ，知っておいてほしいことなど……。
> 何でもいいから自由にたくさん書こう！
> 絵も描いていいですよ！
> あなたのことたくさん教えてください！
>
> 名前（　　　　　　）

✓ 担任自己紹介 ▶

自己開示し，子どもに知ってもらうことも必要です。子どもは相手のことが少しでもわかると安心します。子どもたちは自分を開いてくれる人に関心を寄せます。

担任の自己紹介はプレゼンテーションでやります。このプレゼンは，今後，子どもたちがプレゼンをしていく時の参考になるようにします。

例えば，以下のようなことを伝えます。

・話し方　　・問いかけ方　　・内容
・スライドの適切な時間と枚数　　・盛り上げ方（クイズ形式にするなど）

　まずは「やってみせる」ということが必要です。　最初の出会いなので，クイズを入れたりエピソードも交えたり，ゆっくり子どもたちとやりとりしながら進めます。その中で，子どもたちが気になったことなどを，たくさんつぶやかせます。シンプルな方が子どもたちから色々な質問が出ます。ここでのやりとりの仕方が，今後の授業のあり方の布石にもなります。

✓ 子どもの自己紹介 ▶

　シンプルですが，子どもたちのアイデアや発想が活かせる「ワクワク自己紹介カード」を紹介します。

①自分で書きたい項目が選べます。

②自由にデザインしやすいです。

③その子「らしさ」がよく表れます。

　※項目例と完成例を示すと書きやすくなります。

　※枠が９つだけに「ワクワク」です（笑）。

　※完成したカードを使って「私はだれでしょう？」クイズにもできます。

　※自己紹介以外にも活用できます。

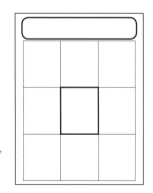

　参考として，次のような「自己紹介項目」を子どもたちに渡します。

○下のものを参考にしてください。（もちろん項目にないものを自分で考えてもいいです）

○理由やエピソードも交えて書くといいですね！

①今はまっていること	⑪今までの一番の思い出
②好きな遊び	⑫旅行で行ってみたい場所
③自分を〇〇に例えると	⑬性格を一言で言うと
④自分を漢字1字で表すと	⑭好きな番組
⑤今年の目標	⑮今一番ほしいもの
⑥自分の特技	⑯今自分がやってみたいこと
⑦口ぐせ	⑰今一番努力していること
⑧長所や短所	⑱飼っているペット
⑨将来の夢	⑲自分がこだわっていること
⑩今までで一番感動したこと	⑳今だから言えること

　参考として，担任がつくったものを提示してもいいでしょう（学年団の担任全員が作成して掲示すると子どもたちも喜びます）。

担任の作品例

子どもの作品例

✓ 徹底的に様子を見る ▶

　先に述べたように，子どもの作成物から子どもをさぐろうとすることは重要です。それと共に，姿から子どもをさぐることも必要です。

　私は iPad mini を常にもち歩いているので，よく子どもの写真を撮ります。

　撮った写真は月ごとのフォルダにわけています。人間の記憶は曖昧ですが，日付と写真の画像があればその時の様子がよく思い出せます。その写真を見せながら当時のことを子どもと話すこともできます。

　子ども個人の写真だけでなく，教室全体の様子が写っている写真も意図的にできるだけ撮ります。そうすることで，休み時間の子どもの過ごし方や友達関係をとらえるきっかけになります。

　学年はじめ，子どもたちは不安に思っています。そのほとんどが友達関係です。高学年にもなると，「自分はどのグループに入って安心して過ごせるか」など，敏感に感じています。写真を撮ることで実際の動きや人間関係をとらえやすくします。

　撮った写真をもとに記録をつけていきます。

・休み時間に何をして過ごしているのか

・誰と過ごしているのか

・人間関係の関わりに変化はないか

　画像をストックしてつなげていく効果は大きいです。

✓ 「1分間」ウォッチング ▶

　4月は多くの業務に追われてバタバタします。その中でも子どもたちの様子を見，子どもが子どもらしさを出す瞬間を見つけていきたいものです。そのために，

> ①丸つけ（事務作業など）をしているペンを置きます
>
> ②教の隅から隅まで見渡すように子どもを見ます
>
> ③ある子に注目して1分間観察します

　これだけで，きっと多くの「発見」があります。1分間見続けることで必ず「お！」と思える瞬間や「へぇ〜」と思える瞬間，「何だろう？」と思える瞬間に出会うことができます。

　例えば以下のような場面に出会うことができるでしょう。

・価値づける場面

　必ず学級のために行動している子がいます。じっと見つめることで「価値づける点」を見つけることができます。

　ゴミを拾っている，配布物を配っている，友だちにやさしく声をかけている，などです。すかさず価値づけます。価値づけられると誰でも幸せな気持ちになれます。折に触れてそのエピソードを学級全体で広めます。

　「さっきの休み時間のことなんだけど，○○さんが〜してくれていたんですよね。先生，とっても嬉しかったなぁ」と，Iメッセージで，さりげなく。「さりげなく」話すからいいのです。こういう小さな「気づき」と「共有」の積み重ねが学級の幸福感につながります。

・意外な場面

　「へぇ，今こんなことをして遊んでいるんだ」と，子どもの世界に歩み寄ることができます。

　例えば，熱心に絵を描いている子がいます。その場に歩み寄り，「いい絵だね。最近絵を描くことにはまっているの？」と，会話を始めます。意外な話が聞けるかもしれません。

　一緒に絵を描いたりしてもいいでしょう。その子の承認を得て，その時の様子を学級全体に広めます。友だちの世界観を共有できることは嬉しいものです。

　「幸せのタネ」は様々な場所に転がっています。大切なのは，そのタネを

見つけることができるか。そして，そのタネを大切にできるかということです。

　4月は毎日激務で忙しい毎日だと思います。そういう時こそ少しの心のゆとりをつくって，教室を見渡せるようにしたいものです。学級の様子を端末の動画で1分間撮るなどしてもよく様子が見えるでしょう。また，その様子をみんなで共有してもよいでしょう。教師が端末をもち歩くようになると，このような「瞬間」や「経過」を捉えやすくなります。

　子どもが話しかけてきた時に，していることを止め（丸つけのペンを置く，PCのキーボードから手を離すなど），子どもと正対することの大切さは言うまでもありません。

　明石要一氏（1991）に『子どもウォッチングの技術』という書籍があります。子どもを理解するための，子ども観察の原則や原則，方法や技術などが具体的に示されています。例えば，「質」と「量」から捉えること，子どもの世界を「ウラ」から捉えること，子どもを歴史的に捉えること，地域差から捉えることなどです。ぜひ参考にされてみてください。

✓ 子どもの記録 ⌐➤

　子どもの記録をとることは重要です。4月から記録をとる習慣をつけます。まずは「子どもの記録」についての捉え方を以下に述べていきます。

〈記録をとること〉

・教師は自分が行った授業の記録はよくとる。例えば，板書記録であったり，発問の記録であったり，発問によって子どもがどう動いたのか，など。

・子どもがどうあったか，子どもがどう変化したのかという記録は少ないのではないか。

・子どもの捉え方を「経験」と「感覚」と「思い込み」で捉えていることが多いのではないか。

・客観的に分析的に連続的に子どもを見ていく必要がある。それをするには

「記録」が有効。

〈継続的な記録〉

・子どもの記録は最初と最後だけでなく，過程の記録が大切。それがあるから子どもの本当の理解にもなる。

・静岡市立安東小の実践で有名な「カルテ」の実践。上田薫氏と安東小の協働のもと，1967年に生み出された。もともとは子ども理解としての「メモ」。「カルテ」は，子どもを点として見るのではなく，線で見ていくこと。そうすることで本当にその子らしさが見える。そのための記録。

・上田薫氏（1974）は，『カルテを生かす社会科　教師の人間理解の深化』の中で以下のように記している。

「カルテは子どもをとらえるためのたんなる技術的なものではない。それは教育観また人間観に深くかかわるものである。すなわち，人間を動的に立体的にとらえることから必然的に生まれるものである。しかも人間の思考のありかたを，想像や忘却の特質をもっとも人間的に位置づけ生かす性質をもつものである」

・単なる方法論ではなく，子ども観，人間観の問題。

・当時の実践をそのまま再現するのは難しいが，そのエッセンスは取り入れることが重要。

〈関連書籍〉
・上田薫・静岡市立安東小学校（1982）『ひとりひとりを生かす授業　カルテと座席表』明治図書
・武藤文夫（1989）『安東小学校の実践に学ぶ　カルテと座席表の22年』明治図書
・星野恵美子（1997）『「カルテ」で子どものよさを生かす』明治図書
・植田薫・静岡市立安東小（1988）『子どもも人間であることを保証せよ　個に迫る座席表授業案』明治図書
・上田薫・水戸貴志代・森長代（1974）『カルテを生かす社会科　教師の人間理解の深化』国土社
・築地久子（1999）『生きる力をつける授業　カルテは教師の授業を変える』黎明書房

〈記録のとり方〉

- ・常に端末をもち歩き，ことあるごとに記録をとる。使用するおすすめのアプリは「GoodNotes」。

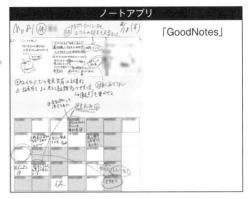

- ・記録には，子どもたちの座席表を使用。現在座っている子どもたちの座席の位置ではなく，名前の順番に並んでいるものを使用。固定化した方が，その子の「変化」が見えやすくなる。

座席表について

座席表

同一にする

座席順ではなく名前順で1年間固定する。

▶視覚的に連続的に記録しやすくなる

- ・子どもたち全員の記録をとることは難しい。まずは1〜3名を選び，日々とり続けることからはじめる。
- ・3名の選び方は色々考えられる。学級の実態やその時の状態に応じて教師が選択することが大切。

記録のとり方

記録のとり方

○3人を抽出する

- ・Aゾーン,Bゾーン,Cゾーンから1人ずつ
- ・いずれかのゾーンの中から3名
- ・最近の学習の中で気になる子から3名
- ・最近の生活の中で気になる子から3名
- ・普段あまり声をかけていない子から3名
- ・発話が少ない子から3名

▶3名との関わりで他の子も記録するようになる

・３名を記録し続けるうちに，その子との関わりの中で他の子の記録もとるようになる。

・まずは持続可能な形からはじめる。

〈記録をとることの効果〉

・「記録をとる」という意識が働けば，必然的に子どもをよく「見る」ようになる。

・継続的に「線」として捉えるようになる。

・じっくりと「見る」心理が働くので，子どもを見るために待つようになる。

・待てずに瞬間的に判断してしまい，失敗することもあるが，そのような時は，自分が待てていなかったことを自覚し，自分の言動を改善するきっかけにもなる。

・様々な子どもの活動の様子を見取りたいがために，子どもに任せることが増える。

・よくも悪くも記録するので，一つひとつの出来事に寛容になる。

・「子どもを待つ」「子どもに任せる」という覚悟は，「記録」の事実が証明する。

・「記録をとる」ということは，子どもに対して誠実に謙虚に対応できるようになるということだと考えられる。

　このような記録を手軽にできるようにしてくれるのが端末，ICT 機器です。子どもの事実の記録をとりやすくなりました。記録のとり方は様々です。その人のやり方で持続可能な形でとることが重要です。

　例えば，記録を学年団で共有するアプリとして「Slack」を使っています。文字テキストだけでなく画像テキストも入れられ，チャンネルごとに時系列に並ぶので，非常に見やすいです。記録が学年団で共有されるのでお互いの学級での子どもの様子もよくわかります。学年経営としても非常に効果的なツールです。

　記録をとることで，経験と感覚と思い込みで子どもを捉えることからの脱却を図ることができます。そして，客観的な事実に基づく子どもの関わり合いの実際を見られるようになります。何よりも，記録をとるという行為が，「子ども理解」につながることに価値があります。

✓ 空白と余白 ⌐↗

　コロナ禍で学校がはじまった当時，以下のようなことを書いています。引用します。

〈コロナ禍に思うこと〉

　このコロナの時期，確かに大変である。しかし，こういう時こそ考え方一つで大きく変わってくるのだと思う。

　昨日，深夜の川上康則講座を受けた。その時に，「空白」と「余白」の話が冒頭にあった。今，「空白」と捉えるのか「余白」と捉えるのかで大きく違うということ。「余白」と捉えるのであれば，それは逆にチャンスである。なぜチャンスなのか，以下，３点述べていく。

　１つ目は，新しい教育の方法を模索するチャンス。具体的にはオンラインも有効に使えるようにするということ。アナログとデジタル，融合させながらハイブリッドな形での提案が必要になってくる。

　２つ目は，基礎スキルを向上できるチャンス。今まで敬遠しがちであった ICT 技術など，

デジタル機器の有効活用である。学校は基本アナログ。その大切さはわかる。しかし，時代の変化に応じて変えていかなければいけないことは大いにある。その一つがICTデジタル機器操作の基礎スキルであろう。そもそも，変えなければいけないのは，技術というより根本的な考え方，そしてビジョンなのかもしれない。

　3つ目は，自分自身の授業のあり方を見つめ直すことができるチャンス。子どもへのYouTube動画配信がはじまった。短い時間で効果的にしようと思えば，精選し，より思考できるものにしていかなければならない。撮って，見てみるとわかる。自分の姿……むごいものだ。まずはそこから考える。表情，身振り，間，非言語コミュニケーションの多くをふり返らせられる。内容面に関しても，ただの「伝達」にしないようにするためにはどうすればいいのかを考えさせられる。学習内容を厳選し，より深さが出せる教材研究が必要となる。そして内容だけでなく，学習方法を獲得させる視点も必要である。そのようなことを実感できる。

　さて，このようなことを具体的にどのように実践していくかである。学校が再開した時，自分自身は以下のようなことを考えている。
①ロイロノートを有効活用
②密にならない授業や活動形態
③より深い所へ導く教材研究
　今までできなかったこと，しなかったことと共に，今までしてきたことをさらに充実できるようにしていきたい。

　休校になって，様々なことを考えました。その時に考えたことは，今となればあたり前になっているかもしれません。しかし，当時のことをふり返りながら，今なお大切にしなければいけないことを確認することも大切だと感じます。コロナ禍における非言語コミュニケーションの重要性は十分に感じられました。これは，授業においても，普段子どもたちと接する時でも非常に重要なことだと認識しています。

✓ 学習の準備（ICT）

　本校で使用している学習支援アプリは第1章 p.15で述べたように，ロイロです。ロイロでは，教科ごとに自分の学習を整理する場としての「ノート」を作成することができます。

　各授業で使用する際の準備として大切なことについて，アプリ内の各教科の「ノート」をそれぞれ単元ごとにつくっておくことです。これは，子ども

が「単元」を意識し，単元ごとに学びを整理しやすくするためです。その日の日付でつくる「ノート」もあっていいですが，単元ごとのまとまりを意識させる方が効果的です。

また，このように単元にわけて「ノート」を作成することは，学期のふり返りなどにも効果的に使えます。詳細は p.126 をご覧ください。

✓ **お休み**

ロイロを使用すると，お休みをしている子に即時的にカードを送ることができます。

右下図のように，文字テキストと画像テキストを組み合わせてかわいいカードに仕上げることもできます。ICT を使って子どもの心の距離を縮めます。

「休んでいる子」

「しんどい思いをしている子」

「弱い立場にいる子」

を絶対に大切にするという想いを最優先して言葉と行動で示していきます。

「かくれたカリキュラム」という言葉があります。「ヒドゥンカリキュラム」とも呼ばれています。「教師が意図も意識もせずに教え続けている教育内容」という意味です。教師が無意識に大切にしていることは子どもたちに伝わります。例えば，

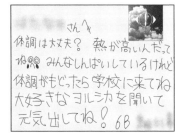

・教師が休んだ子のことを常に気にかける→子どももやさしく
・教師が時間開始前に必ずその場所にいる→子どもも時間を守る
・教師が「例えば」「つまり」を多様→子どもも説明上手に
などです。

　逆も然りです。無意識でも，教師が休んでいる子をないがしろにしているのであれば，子どもたちも「それでいいんだ」と感じてしまいます。教師が何を大切にしているのかを確認し，無意識の意識化を図っていくことも重要です。

✓ けがをした子に

　学校生活を送っている時に子どもたちが大きなけがをしてしまうこともあります。その子のためにできることを考え行動します。

　お見舞いとしての鶴を折ろうということになりました。鶴が折れない男の子たちが得意な女の子に教えてもらうという微笑ましい光景も見られました。

　けがをしたその子が登校できるようになった時，全員に対して感謝の手紙を書いてくれました。「一人の子のために」という想いは伝播し，やさしさと感謝の気持ちに包まれます。

私自身がけがをすることもあります（肉離れが多くなりました……）。そんな時に「ロイロ」で次のようなカードを送ってくれる子がいました。

　ユーモアがあり粋なはからいで，温かい気持ちになりました。端末は人を幸せな気持ちにさせる可能性を秘めています。

✓ かくれたカリキュラム

　「かくれたカリキュラム」とは，その名の通り，かくれているので本人はなかなか気づきません。だからこそやっかいなのです。私自身の負の「かくれたカリキュラム」もたくさんあります。幸い，多くの方がご指摘くださり，少しは改善できたかと思います。しかし，まだまだ多くの「かくれたカリキュラム」があります。自分には「かくれたカリキュラム」がないのか，自覚的になる必要があります。

　横藤雅人氏・武藤久慶氏（2014）の『その指導，学級崩壊の原因です！「かくれたカリキュラム」発見・改善ガイド』という書籍があります。表紙の裏側に，次のような写真が掲載され，「児童が出た後の教室です。この教室に，「学級崩壊の種」はいくつあるでしょう？」と問われる文字が書かれています。読者の皆様もぜひ考えてみてください。

　いかがでしょうか。

　例えば，植物が粗末に扱われている状況は，「命を大事にする必要はない」ということを教えています。乱雑な棚，教卓は，「教室は

汚くてもいい」ということを教えています。数え上げれば切りがありません。私は，折に触れて子どもたちのいない教室をiPadで撮るようにしています。上記のような要素がないかをチェックしています。当然，望ましい状態であれば，子どもたちに伝えて価値づけます。

　教室の状況だけではありません。教師のあり方も大きく影響してきます。例えば，授業時刻に遅れて登場したり，45分の授業時間を守らずにダラダラと授業をすることを続ければ，子どもたちは「時間は守らなくてもいいんだ」と感じます。自分が守っていないのに，子どもたちに「時間を守れ！」と言っても聞こうという気持ちになれないのは当然のことです。

　また，授業中に教師が望む答えが出た時点で他の子の意見も聞かずに打ち切れば，子どもは「答えだけを言わなければいけないんだ」と思ってしまうでしょう。4月や5月にこのようなことを続けていくと，子どもたちの心が育たず，教師との信頼関係が築けなくなることは一目瞭然です。

　「かくれたカリキュラム」は自分では気づかないことが多いですが，人に気づいてもらえることは多いです。同僚に自分の教室へ来てもらう，授業を見てもらって気づきをもらうことも必要です。また，逆に自分が他の教室を回らせてもらい，自分とのあり方を比べてみることで気づきを得る必要もあるでしょう。

　以下に，考えられるマイナスのヒドゥンカリキュラムを記述してみます。

　1：字が丁寧でない→子どもの字も雑に。
　2：指名して発言しなかった子をそのまま認める→発言せずにだまっていてもいいと子どもが思う。
　3：朝会などで返事をする時に，声が小さくてもそのままスルーする→これぐらいの声でいいのだと決めてしまう。
　4：「あと5分で終わりです。できましたか？　じゃあ，あと2分ね」→時間設定はあってないようなものだと感じる。
　5：終了時間を守らない→終わりの時間感覚がルーズになる。

6：同じ子ばかりを叱る（忘れ物など）→その子のマイナスのイメージを決定してしまう。

7：「それはまた後でね」→自分の都合ばかりを優先すると感じる。

8：常に忙しそうにしている→子どもが話しかけてこなくなる。

9：何でもかんでも褒める→価値基準がわからなくなる。

10：机間指導で，いつもできていない子の近くで止まる→「できていない子」「苦手な子」というレッテルをはってしまう。

11：「後でやっておくようにね」→教師が忘れていれば，やらなくても済むことを覚える。

12：「そうですね！」と答えが出た時だけ反応する→教師の求めている答えを探すようになる。

13：何かをやらせるが，最後まで徹底しない→「適当でいいんだ」ということを教えてしまう。

14：考えさせる時間をとらない→考えなくていいということを教えている。

15：説明ばかりする→暗記することが大切だと思ってしまう。

このように書いてみると，私は反省する点ばかりです……。

もちろんマイナスのヒドゥンカリキュラムだけでなく，プラスのヒドゥンカリキュラムも多く存在します。自分のプラスのヒドゥンカリキュラムを積極的に探し，整理してみることをおすすめします。

✓ 特別活動における ICT 活用

4月は係活動やクラブ活動，委員会活動など，特別活動における諸活動のスタートの時期でもあります。特別活動における端末の活用はかなり有効に働きます。

■係活動

　係活動でものをつくることがあります。例えば「かざり係」などが折り紙を折ることなどです。そんな時に端末が大活躍します。折り方を動画で丁寧に教えてくれるサイトが多々あります。「これなら俺も折れる！」と普段は折り紙をしない男の子も喜んでいました。

■１年生を迎える会

　６年生であれば，様々な役割を担当することになります。縦割り班のリーダーになり，他教室で全体説明や会の進行を務めることも多くなります。そこにも端末を持参します。端末に書かれていることをミラーリング（端末の画面をテレビ画面などに表示する機能）すれば，全体にわかるように映しながら説明することもできます。

　グループで相談する時もこのように端末持参で進めます。記述したことを柔軟に変化できるので話し合いも進むようです。

　児童会活動，クラブ活動，学校行事，縦割り班活動，学年ペア活動などの異年齢集団活動において，中心となるのはやはり６年生です。よりよい学校づくり，よりよい人間関係づくりのためにも，リーダーである６年生の活躍が鍵を握っています。

子どもたちには次のような話をよくしました。

〈「リーダー」とは？〉
①学年目標，学級目標など，目標達成に向けて動き，地道に努力できる人。
②深く考え，自分から率先して行動ができる人。
③目的をもち，信頼される行動がとれる人。
　（目立ちたがり屋がリーダーではありません。）
☆それぞれの場面場面でリーダーになることを心がけよう！（縦割り，登校班，クラブ，
　委員会，など……）
　リーダーは，汗かく（一生懸命たくさん働こう！），恥かく（人前でいろいろチャレン
　ジ！），頭かく（うんと考えよう！）をモットーに！

また，イギリスの高級百貨店チェーン「セルフリッジズ」の創業者，ハリー・ゴードン・セルフリッジ氏の言葉を参考にした次のような言葉も伝えます。

〈リーダーとボス〉
①ボスは友だちをアゴで使い，リーダーは共に行動する。
②ボスは権力にたより，リーダーは善意にたよる。
③ボスは恐怖をあおり，リーダーは情熱をかき立てる。
④ボスは自分本位だが，リーダーはみんなのことを考える。
⑤ボスは仕事を命じアクセクやらせるが，リーダーは自ら模範を示して一緒にする。
⑥ボスは時間どおりに集まれと言うだけだが，リーダーは時間前に来ている。
⑦ボスはものをこわすととがめ，リーダーはこわしたものを直す。
⑧ボスは「これをやれ！」と命令し，リーダーは「これをやろう！」と促す。

この他，子どもたちにはリーダーになる場面を意識づけ，意図的に多く設定します。例えば学級の班の中でのリーダー，掃除分担の中でのリーダー，係の中でのリーダーなどです。その時々の「場面リーダー」を多く経験させることでリーダー性を高めていきます。

■**朝の会**
〈朝のスピーチ〉
　よく行われるのが日直のスピーチです。

最初は家から物をもってきてそれを提示
しながらスピーチをしていました。「先生，
家にある物とかを iPad で写真に撮って，
それを映して話してもいいですか？」とい
う子の声から，プレゼンでスピーチを行う
ことになりました。Keynote（Apple 社が
開発しているプレゼンテーションソフト）

で行っています。個人差はありますが，子どもたちはけっこうつくり込んで
きています。それをクイズにしたり，問いかけたりしながら大人顔負けのプ
レゼンをする子も出てきます。

　発表の後は質問コーナーを設けていますが，具体的に話せているので，質
問もしやすいようです。

　実はこのことは，子ども理解にもつながっています。学校は，意外と子ど
もたちの趣味や家での出来事を話す時間というものがありません。また，学
校にもってこられないものが多々あります。そのようなものや家での様子を
端末に記録し，学校で提示することができます。子どもが自分の好きなこと
を話す時間，自分の興味関心を話す時間ができることは非常に有意義です。

　また，それをもとに子どもたちが対話する姿は見ていて微笑ましくなりま
す。プレゼンを聴くことで，子どもとの話題ができたり，話すきっかけにな
ったりします。教師や子どもがクラスの友達に関心を寄せられる，豊かな時
間となっています。

　佐藤靖泰氏（2021）は『ICT ×学級経営』の中で，「『１人１台端末』環境
では，１分間入力で30人全員が発表することができます。その上，朝の会の
最中ばかりでなくいつでも友だちのスピーチ内容を見ることができ，リアク
ションすることもできるわけです」「そもそも論で言えば，朝の会でスピー
チを取り入れている目的は何か，が明らかである必要があります」と述べて
います。確かにそうだなと思います。今ある活動の代替をするための ICT
ではなく，今までの「当たり前」を問い直す機会にするべきだと感じました。

〈係活動〉

　朝の時間やその他のスキマ時間を使って，係活動を行うことも考えられます。写真をミラーリングして説明したり，クイズにしたりするだけでも大いに盛り上がります。

　「動物係」の子が，次の様な画像をミラーリングして，「ゴリラの中から猿を見つけましょう」というゲームもしていました。

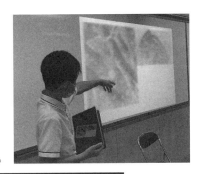

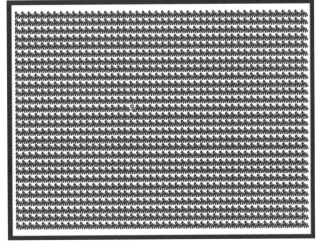

　係活動は，どんな活動も「工夫次第でどんどん楽しくできる」ということを感じさせたいものです。

　例えば「生き物係」で，生き物を飼うだけでなく生き物の名前募集や，様々な生き物紹介コーナーをつくったり，「新聞係」でアンケートをとったり，記者になってインタビューをしたりすることなどが考えられます。

　活動が継続できる時間の確保をすることも重要です。朝の会や帰りの会，給食の時間などが考えられます。意図的に活動時間の確保をし，その中で教師が助言したり，子ども同士で相互評価したりすることで，係活動は活性化します。

　左上の写真のように係が自由に書いたり張ったりできるスペースをつくることもポイントです。自分たちのスペースを活用して宣伝したり，報告したりできます。

　また，右上の写真のように「ありがとうカード」や「ナイスアイデアカード」を用意し，お互いによさや感謝の気持ちを伝えられるようにします。子どもたちの活動意欲も高まります。

　係同士のコラボ企画を行う時もあります。例えば「新聞係」と「スポーツ係」がコラボで「スポーツ特集新聞」を作成したり，「遊び係」と「季節の飾り係」がコラボで「チャレンジくじ引き集会」を開いたりする感じです。係の中のつながりを大切にすると共に，係同士のつながりを大切にする視点ももちたいです。

　次の写真は，ロイロでやりたい係を出させてまとめたものを提示し，選ぶようにしています。まずは一人ひとりがやりたいものを考えさせてから統合して決めています。

✓ 第0回学級会

　学級活動（以下，学活）をする時に，必ず「第0回学級会」を行うようにしています。学活のオリエンテーションのようなものです。主な目的は「学活の意味や意義」を教えることです。

・みんなで考え，みんなで一つの目標に向かうことによって学級を高める
・一人はみんなのために，みんなは一人のために考える
・折り合いをつけ，みんなで問題を解決していく

などです。

※姫路市小学校特別活動担当者会（2008）『小学校特別活動ハンドブック』より

学活は教科書がありませんので，学校間，学級間で最も子どもたちの意識の差が大きいものだと感じています。もちろん教師についても然りです。前頁の4コマ漫画のように「ただの遊びのような時間」と捉えている教師や子どもも少なくありません。

■**学活の意義**
　まず，学活は子どもたちが自治的に活動し，学級の力を高める時間だということを子どもたちにはっきりと伝えます。

〈中学年向け〉

> 学級活動の時間は
> ○**みんなで楽しいクラスにしていく時間です。**
>   この「楽しい」というのは，自分だけが楽しかったらいいというものではなく，クラスのみんなが楽しいと思える活動でなければいけません。
> ○**自分たちがしたいことを，自分たちで考えて活動する時間です。**
>   先生が決めたり，指示をしたりはしませんよ。全て自分たちでするんですよ。
> ○**みんなで一緒に協力し合って活動する時間です。**
>   男女が分かれて別々のことをしたり，一人でするような内容の活動はいけません。
>   必ず，みんなと一緒に，みんなと力を合わせてするような活動を考えましょう。

〈高学年向け〉

> 学級活動の時間は
> ○**みんなで楽しいクラス・よりよいクラスにしていく時間です。**
>   ただ楽しいだけでなく，一人ひとりのことがもっと分かり合えるとか，みんなの心がよりまとまるとか，もっといいクラス，もっとやさしいクラスになるような活動を考えましょう。
> ○**自分たちがしたいことを，自分たちで考え，工夫しながら活動する時間です。**
>   先生は相談に乗りますが指示はしません。議題の内容から，計画，役割分担，準備，本番の集会まで，全部自分達の力でします。ただし，何でもできるというわけではありません。自分たちの力だけでできる内容を考えましょう。
> ○**みんなで一緒に信頼し支え合って活動する時間です。**
>   個人の活動にならないように，みんなの力を合わせないとできないようなこと，みんなでするからこそ楽しくできそうなことを考えましょう。

■学活のサイクル

学活のやり方も伝えます。

「話し合い→実践→ふり返り（改善）→話し合い→……」のサイクルです。

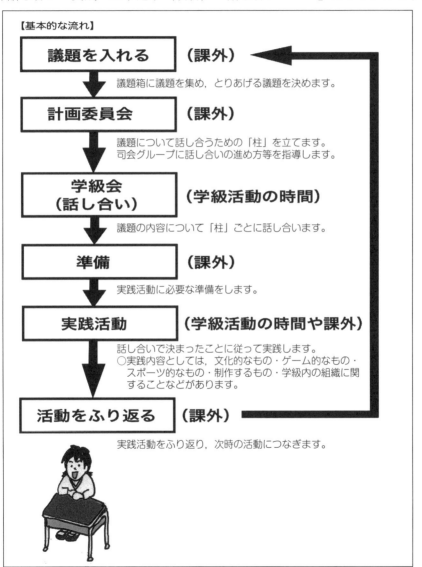

【基本的な流れ】

議題を入れる （課外）

議題箱に議題を集め，とりあげる議題を決めます。

計画委員会 （課外）

議題について話し合うための「柱」を立てます。
司会グループに話し合いの進め方等を指導します。

**学級会
（話し合い）** （学級活動の時間）

議題の内容について「柱」ごとに話し合います。

準備 （課外）

実践活動に必要な準備をします。

実践活動 （学級活動の時間や課外）

話し合いで決まったことに従って実践します。
○実践内容としては，文化的なもの・ゲーム的なもの・
スポーツ的なもの・制作するもの・学級内の組織に関
することなどがあります。

活動をふり返る （課外）

実践活動をふり返り，次時の活動につなぎます。

■議題と提案理由

議題箱，議題用紙の扱い方も教えます。

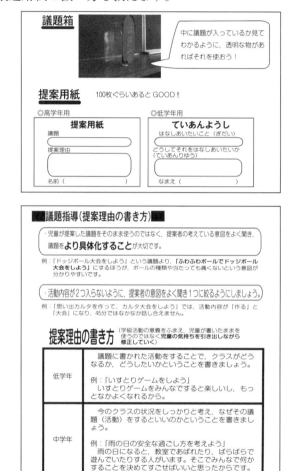

議題箱

中に議題が入っているか見てわかるように，透明な物があればそれを使おう！

提案用紙 100枚ぐらいあると GOOD!!

◎高学年用
提案用紙
議題
提案理由
名前（　　　　　）

◎低学年用
ていあんようし
はなしあいたいこと（ぎだい）
どうしてそれをはなしあいたいか（ていあんりゆう）
なまえ（　　　　　）

■議題指導（提案理由の書き方）■

・児童が提案した議題をそのまま使うのではなく，提案者の考えている意図をよく聞き，**議題をより具体化すること**が大切です。

例：「ドッジボール大会をしよう」という議題より，「**ふわふわボールでドッジボール大会をしよう**」にするほうが，ボールの種類や当たっても痛くないという意図が分かりやすいです。

・活動内容が2つ入らないように，提案者の意図をよく聞き1つに絞るようにしましょう。

例：「思い出カルタを作って，カルタ大会をしよう」では，活動内容が「作る」と「大会」になり，45分ではなかなか話し合えません。

提案理由の書き方 〈学級活動の意義をふまえ，児童が書いたままを使うのではなく児童の気持ちを引き出しながら修正していく〉

低学年	議題に書かれた活動をすることで，クラスがどうなるか，どうしたいかということを書きましょう。 例：「いすとりゲームをしよう」 いすとりゲームをみんなですると楽しいし，もっとなかよくなれるから。
中学年	今のクラスの状況をしっかりと考え，なぜその議題（活動）をするといいのかということを書きましょう。 例：「雨の日の安全な過ごし方を考えよう」 雨の日になると，教室であばれたり，ばらばらで遊んでいたりする人がいます。そこでみんなで何かすることを決めてすごせばいいと思ったからです。
高学年	今のクラスの問題点を考え，それを解決するために何をしたいかを書きます。さらに，そうすることでクラスがこうなるだろうということも書きましょう。 例：「新学期名刺交換会をしよう」 クラス替えをしたばかりで，まだ自分から進んであいさつができない子が多い。そこで，オリジナルの名刺を作り，交換会をすればいいと思いました。そうすれば，名刺交換のときにお互いをよく知ることができ，これからは進んであいさつができるようになると思います。だから，この議題を提案します。

「提案理由」は，話し合う目的です。

　例えば，提案理由が「バレーをしたら楽しいから」では，提案理由としては弱いです。

　「苦手な子も楽しめるようなルールを工夫し，チームで協力してバレーをしたら，クラスの仲も深まるから」
といったように，しっかりと目的意識を強くもたなければいけません。そうすると，

　「クラスの仲を深めるためにチームで協力し，苦手な子のことを考えたルールを出し合う話し合い」
になるはずです。

　提案理由を話し合いの拠とし，提案理由に沿った話し合いにしていくことが重要です。もし，話が逸れたら提案理由に戻るように促します。

■話し合いをやって見せる

　基本，話し合いの役割（「司会，副司会，黒板記録，ノート記録」など）は子どもたちが担います。しかし，第０回学級会では，「司会，副司会，黒板記録，ノート記録」などすべて教師がします。まず「やって見せる」ということです。

　例えば，議題を「グループで協力　テーマ絵画を描こう」とします。提案理由は「グループで協力してテーマの絵を描くことで一体感が生まれるから」です。

①いつするか　　②どこでするか　　③どんなテーマにするか

④グループ分け　⑤役割分担
など，柱を立てて話し合います。

　その中で「グループ分け」は子どもたちにとっては関心の高い所です。学活は「誰となってもよりよさを求めて仲良くできることが望ましい」（学活の目的に沿って説明）なので，グループ分けもそれを踏まえて決めたいことを伝えます。くじ引きなどが基本になるでしょう。

また，議題も意図的にこの
ような議題にしています。学
活の議題はスポーツ系の議題
がよく集まる傾向があります
（サッカーやドッジボールな
ど……）。もちろんそれはそ
れでOKですが，様々な活
動を通して仲を深めるためにバリエーションもほしいです。

　文化系の議題を提案することで，「こういう議題もありなんだ」「文化系の
学活もなかなかおもしろい」という一面も子どもたちに見せたいからです。

■学級会の名称

　学級会の名称を決めます。

　例えば，学級目標が「笑顔と勇気あふれる TEAM５─１」の時，学級会
の名称は「TEAM ミーティング28」でした。子どもたちと話し合いながら
決めました。自分たちで決めたネーミングなので愛着もわきます。こういう
「自分たちでやっています感」はとても大切です。

　学活は子どもたちに委ねられている自治的な活動です。学活の様子を見る
と学級の力がよくわかります。

　４月に特別活動の時間を適切に設け，子どもたち自身で自治的な活動を行
い，自分たちの学校生活を自分たちで豊かにしてほしいものです。

　自分たちで学級活動を行った後は，次の様に学級通信などを通じてその意
味と価値を伝えるようにします。

2017年度 関西学院初等部
5年B組 学級通信
No.6 2017.5.15 (月)

第1回学級活動（話し合い活動）

前回はすべて私が役割をつとめて話し合いをしましたが、今回は子どもたちで話し合う第1回学級活動。議題は「クラスミニ運動会で団結しよう」。提案理由は「運動会のための団結になるし、グループで協力して絆を深めることができるから」。

見守っていましたが、いい話し合いをしていました。まず、「受容的態度」で相手の意見を受け止めていることです。自分の意見はもっているが、相手の意見を受け入れようとする気持ちが大きいです。その柔らかさが素敵です。うまく「折り合い」をつけようとする姿もみられました。折り合いをつける力は、今の子どもたちに最も必要な力の一つではないかと思っています。

Aという意見とBという意見。どちらかにこだわるだけではなく、AとBのどちらのいいところも加えた新しいCの意見。どちらもの妥協点を見つけようとする柔軟な心。そういった心を育むことが大切です。

「何のために」話し合いをするのか。
「学級の力を高めるため」ですが、究極は「一人ひとりが幸せになるため」です。
話し合いをうまく進めるためのスキルは必要です。しかしあくまでもスキルはスキル。最も大切なことは、その話し合いの中に「あたたかいもの」が流れているかどうかです。
つまり、苦手な一人の子のためにやさしい意見を考えることができるか、自分もOK周りもOKみんなが楽しく幸せな気持ちになれる意見を考えることができるか、ということです。そうすることでクラスの絆も深まり、団結力も増していきます。一人ひとりを認め合うことができます。話し合いを通して学級の力を高めるとはそういうことだと思います。「何のために」話し合いをしているのか。提案理由を大切にしながら常にそこへ戻るようにしたいです。

「自分たちで決めたことは自分たちで最後まで責任をもつ」集団決定の責任は重いです。一人ではなく、みんなで話し合い、みんなで決定しました。その分一人ひとりの責任は重いです。「自分たちで決めて自分たちで行動する」ということはそれだけの責任が伴うということも学びとってほしいと思います。

今回の足跡ノートには学活の話し合いに対する記述が多かったです。
司会グループを讃える言葉、多数発言をしている子の文、人の意見を認める言葉が多かったです。
司会の◯◯さん、ノート記録の◯◯君、板書記録の◯◯さん、はじめてにして見事な進行でした！
もちろんこの話し合い活動の後は実践活動が待っています。実践活動までの準備も大切です。力を合わせて準備をしてほしいものです。今、子供達はやる気まんまんです！
「ひとりはみんなのために みんなはひとりのために」話し合いができるあたたかく、やる気にあふれたチームにしていきます。

✓ MY POST

一人につき一つの「MY POST」をつくります。自分だけの「個人用スペース」です。そこで，「ありがとう」や「すごい！」などの手紙（ハッピーレター）のやり取りをします。

手紙は，エピソードを見つけて日付と共に書くことがポイントです。手紙をもらった子は1週間以内に返事を書き，書いてくれた子のPOSTに入れます。日常的に子どもたち同士で認め合い，感謝や感動を伝え合えるシステムです。

こういったポストがなくても手紙のやり取りはできます。大野陸仁氏（2016）は「ポストは，一人ひとりに居場所があるよということを示す，無言のメッセージなのです」と述べています。これもヒドゥンカ

リキュラムの一つです。

　その他,「MY POST」は様々な活用ができます。例えば，係の子が折り
紙のメダルを入れたりして，自分の大切
なものが可視化できるようにするなどで
す（目に見え，必ず通る場所にあるとい
うことがミソです）。

※写真のものは100均で購入したウォー
　ルポケットです（縦7ポケットで100
　円。100円×5列＝500円です）。

✓ 誕生日カード ▶

　係活動で「誕生日係」のようなものをつくっていました。

　以下のような感じのオ
リジナルカードです。

　係の子が描いてくれた
カードをもとに，一人ひ
とりカードにメッセージ
を書き，その子に送りま
す。

　次頁の写真のようなカ
ードで渡す，学級通信に
記載して渡すなど，様々
な方法が考えられます。

　「1年間，あなたが生
まれた日を大切にします
よ」というメッセージに
もなります。その日はそ
の子のためにおもいっき

りお祝いする日にします。全員でバースデーソングを歌い，メッセージカードを渡す時間は，なんとも言えない幸せな時間となります。

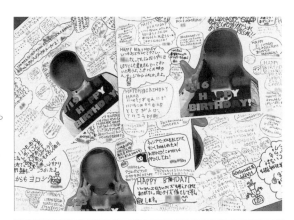

　また，教師からの言葉も添えると子どもたちは喜びます。

※子どもたちの誕生日の日に必ず現れる「アフロ権三郎先生」。メッセージをもらっている子は苦笑い (^_^;)

　子どもたちへの言葉のプレゼントは，誕生日だけでなく，日常的に行いたいです。例えば，次の様に，一筆箋で言葉を書いてその子の連絡帳に貼るようにしていました。全員に必ず渡すように，書いた子どもの名前と内容を記録していました。

　今は，ロイロのカードで簡単に送ることができます。でも，時にはアナログな方法もよいのではないでしょうか。

いずれにしても，言葉のプレゼントは子どもたちの心の中に蓄積されてい
くはずです。

✓ 授業 ▶

　授業と学級経営は一体です。教師は授業で勝負。授業を充実させていくこ
とは必須です。以下はコロナ禍の当時，YouTube授業を撮るようになった
時に書いていたものです。引用します。

〈YouTube授業を撮るようになって〉

　授業を撮影し，YouTubeで動画配信をするようになった。普段の授業と同じように考えれ
ばいいが，全くその通りにはいかない。例えば，実際に子どもたちはいない。反応がない。や
り取りがないので進め方も大きく変わる。そのような中でより意識するようになってきたこと
を以下に3つ述べる。

　1つ目は，子どもの反応を豊かに想像することである。これは，子どもの言葉をつなぎなが
ら授業を進めていくことを意識することにつながる。動画の中で，子どもが発言したりつぶや
いたりするだろうと思う言葉をできるだけ列挙する。授業の中ではこれらの言葉を教師が紹介
する。動画授業を受けている子どもたちに投げかける。子どもはいないが，子ども同士を関わ
らせようとすることを意識するのである。それら，子どもの言葉を引き出すのは発問であり，
それを支える説明や指示が重要であることは言うまでもない。

　2つ目は，学習内容を精選することである。動画の適正時間を10分としている。その中で学
習内容を収めようと思えば，自ずと内容は精選せざるをえない。そして，精選した内容以外は，
子どもたちの追究を促すような授業計画にしなければいけない。そうすることで，その授業の
本当の核は何なのかが明確になる。「1授業に1つだけ」，腹をくくれるようになる。授業展開
もシンプルな展開になる。また，学習内容を精選すると共に，学習方法（特に追究の仕方）も
繰り返し伝えることが必要である。

　3つ目は，言葉を意識することである。「え〜」や「あの〜」などの冗句を言わないこと。
説明する言葉のチョイスや順番を考えること。言葉に添えられる表情や体の動きを意識するこ
となどである。動画では，ひたすら教師がしゃべり続ける。だからこそ，言葉について意識す
ることは，動画を視聴している子どもたちの心地よさにつながることなのである。そして，言
葉を意識するということは，言葉を発するまでの「間」や発した後の「間」を意識するという
ことである。流暢に話すだけではなく，子どもたちに考えさせるための「間」，注意を向けさ

せるための「間」を意識することが必要である。

　今はじまってまだ間もない。これからの気づきをどんどん追加するようにしていきたい。あくまでも「本質的に」「深い内容を」「おもしろく」，これに尽きる。

　ふり返ってみると，これらは普段の対面授業でも大切なことです。YouTube授業を撮るようになってより意識化されたものです。

　きっとコロナ禍初期段階において気づいたことは多いでしょう。それらをふり返ってみることで多くのヒントを得られるのではないでしょうか。

✓ 授業の中のICT活用 ▶

　授業の中での教師のICT活用は当たり前になってきました。主体的な学びにするために，授業の中での「子どものICT活用」がより重要になります。

■体育

　例えば，体育の授業。活動している様子を端末で撮ります。

　それを共有しながら対話します。自分たちで見て気づきを共有し，改善策を考えることができます。

　このように，動的なものを客観的に捉えて，メタ認知を働かせるきっかけになります。もちろん，友だち同士のつながりをつくることもできます。

　教師は，このように最後まで片付けをしてくれる子の様子も撮っておきます。授業の前と後に見せる子どもたちの価値ある姿があります。

■音読

　客観的に自分の姿や様子を捉えられるものに，音読もあります。歌やリコーダー練習も然りです。これらはなかなか自分では確認できません。動画で撮って見るだけでも多くの気づきを得られるでしょう。

　また，音読の課題等は，「音読カード」にチェックをして出す，というものが多かったでしょう。音読の課題として，自宅で音読をしている様子を端末で撮影し，提出します。実はこれが非常に効果的です。自宅なのでマスクを取った姿が見えます。本校は制服ですが，子どもの家の様子や服装が見えます。声の小さい子もしっかりと声を聴くことができます。子ども理解という視点でも非常に有効です（もちろん家庭の状況等に応じて声のみも OK にしています）。

■漢字

　以前は次のような形で漢字テストをしていました。10問は多いので，毎日5問。新出漢字を使って文を書くという方法です。

　今は端末を使ってオンラインミニ漢字テストをしています。用紙を即時配布，即時回収，即時評価，即時修正できます。

　この漢字テストのように，頻繁に行うミニテストなどを子どもが端末に保存することで，ふり返り確認できるようになります。

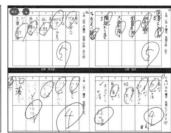

✓ ICT 端末の文房具化 ▶

　文部科学省が2020年に公開した「教育の情報化の手引き（追補版）」には，以下のような内容が記載されています。

　「これからの学びにとっては，ICT はマストアイテムであり，ICT 環境は鉛筆やノート等の文房具と同様に教育現場において不可欠なものとなってくることを強く認識し，その整備を推進していくとともに，学校における教育の情報化を推進していくことは極めて重要である」

　中川一史氏・赤堀侃司氏編著（2021）『GIGA スクール時代の学びを拓く！PC 1人1台授業スタートブック』の中で，中川氏は1人1台の端末が文房具と同様になるかどうかのポイントを2点挙げています。

・「あまり制限しすぎないこと」

・「日常的な活用を推進すること」

です。

　そして，「制限をしすぎないと，必ず問題は起こる。しかし，その問題を

協働的に解決していくことで，単なる問題ではなく学びの種になっていくと考える」「ICT機器が1人1台ではなく，共有だった時はほぼ授業内での効果的な活用のみを検討してきた」と述べています。

「あ〜，確かに……」と思いました。実際，1人1台端末を導入した今でも考える中心は①ゾーンの授業中での効果的な活用法だった気がします。

それはもちろん大切なことですが，ICT端末の文房具化のためにはむしろ「授業以外での活用」や「日常的活用」に目を向ける必要性を感じました。

例えば朝の会，委員会，クラブ活動，休み時間等……。日常的な活用を十分にしているからこそ，授業でも絞って効果的に使えるようになるのだと思います。

③や④のゾーンでの活用も取りあげ，それらの事例を校内で共有していくことも大切だと感じています。

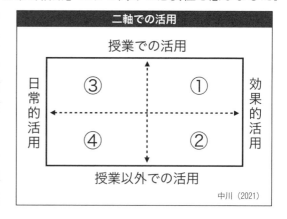

中川 (2021)

✓ ICT使用における「つまずき」

生徒指導上の問題が多く出てくる時期は必ずあります。例えば，ゲームアプリで遊ぶ，学習に関係のないYouTube動画をこっそり見る等様々です。問題は必ず発生します。ここですぐに禁止や抑制に走るかどうかで，問題を今後に活かせるかどうかが大きく変わります。

まずは，「想定内」と捉え，余裕をもって対応することが重要です。問題が起こった時に，子どもたちにその問題を返し，一つひとつ考える機会にします。その際，学校のルールだからといって頭ごなしに抑制するのではなく，なぜそれがダメなのか問い返し，考えさせます。考え，話し合いを通した上で，「これはOK」「これはダメ」という線引きを子どもたちに判断させ，決

定させます。つまり，「自分で線を引く判断をする」という経験をさせることが重要です。

　このような経験を繰り返すことで，子どもたちの規範意識やメディアリテラシーを育てることにもつながります。トラブルに対する対処法も学んでいきます。子ども自身が，今後の端末の使い方や何が本当に大切なのかを学びとる大切な期間です。

　子どもたちに決めさせるということは，子どもたち側に責任をもたせるということです。全員で話し合って決めたことは，全員の了承を得ています。つまり，一人ひとりの信頼関係が問われます。自分たちで決めたことを自分たちで守れている姿を教師は称賛します。当たり前のことかもしれませんが，「自分たちで決めたことを自分たちで守ることができている」ということは，案外簡単なことではありません。それができていることを教師が価値づけすることで，子どもの自信にもつながります。そして，このような一つひとつのことが，信頼関係につながることを子どもたちに実感させられるチャンスです。

　禁止や抑制に走りすぎると，ICT端末の死蔵化（しまい込んで使わせないこと），文鎮化（子どもに持参させても，授業で使わないこと）が起こります。

　目の前の子どもの実態をよく見ながら一つひとつ丁寧に対応していきたいものです。

✓ 見通しをもつ ┌─►

　次のような年間計画を子どもたちに渡します。端末に入れておくことで常に確認することができます。また，この年間計画にその都度書き込んでいくことでより実用的に使用できるようになります。

　子どもたちが長期的な見通しをもつことは簡単なことではありません。子どもたちと共に話しながら，いつどんなことが予定されており，何が必要なのかを確認していきます。どこでどんなことを大切にしたいのか全員で相談

しながら決めていきます。

　1年間の全体を俯瞰し，先まで見通せることが子どもたちの安心感にもつながります。

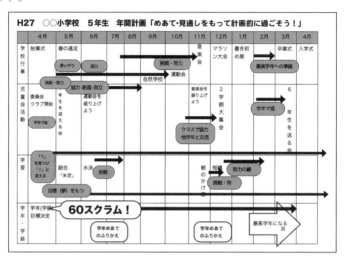

✓ 学級懇談会

　4月に，はじめての授業参観，はじめての学級懇談会が多くなるでしょう。保護者が少しでも「参加してよかった！」となる会にしたいものです。

■学級懇談会の準備

　子どもたちに懇談会用プレートをつくらせておく。

「今の自分とおうちアンケート」を書かせておく。

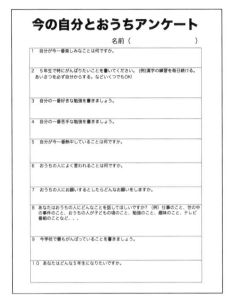

〈学級懇談会の流れ（例）〉

①自己紹介

担任→保護者

・子どものよさ＋名前を言ってもらう。

・少し変化を加えようと思えば，カードを用意し，そのカードに書いてあることを簡単に言ってから名前を言ってもらう。例えば，「最近はまっていること」と書いてあるカードをひいたなら，「最近ファミリーマートに売っているチキンにはまって，毎日食べている宗實です」という感じ。

※一言話すことに抵抗感がある保護者もおられますので，⑤⑥を先にしながら話を広めていく方法も考えられます。

②学級役員さん紹介，お礼

③クラスの現状報告

端末で撮った写真やビデオを見せ，エピソードを交えて話すとよく伝わる。

④クラスの方針

　　※資料やプレゼンなどを用意し，文字化しておくと伝わりやすい。

　⑤「我が子アンケート」を書いてもらう。

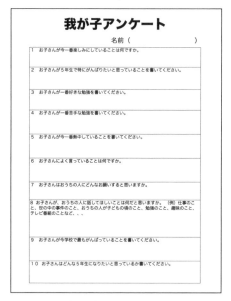

⑥子どもたちが書いていた「今の自分とおうちアンケート」を保護者に手渡
　す。自身が書かれた「我が子アンケート」と子どもたちが書いた「今の自
　分とおうちアンケート」を比較してもらう。

　　※子どもの実態との合致や相違が見られておもしろいようです。自然と笑
　　　い声が起こったり，近くの保護者の方との会話がはじまったりします。

　　※学年末にも同じようなアンケートを実施すると，1年間の成長や変化を
　　　見ることができます。

　　その他，懇談の方法は，近くにいる同僚の方に教えてもらうことが最も勉
　強になります。学校や学級の実態に合わせて，子どものためによりよい懇談
　になればと考えています。

〈引用・参考文献〉

・吉田順（2016）『その手抜きが荒れをまねく』学事出版

・長岡文雄（1975）『子どもをとらえる構え』黎明書房

・明石要一（1991）『子どもウォッチングの技術』

・上田薫・静岡市立安東小学校（1970）『ひとりひとりを生かす授業　カルテと座席表』明治図書

・武藤文夫（1989）『安東小学校の実践に学ぶ　カルテと座席表の22年』黎明書房

・星野恵美子（1997）『「カルテ」で子どものよさを生かす』明治図書

・上田薫・静岡市安東小学校（1988）『子どもも人間であることを保証せよ』明治図書

・上田薫・水戸貴志代・森長代（1974）『カルテを生かす社会科　教師の人間理解の深化』国土社

・横藤雅人・武藤久慶（2014）『その指導，学級崩壊の原因です！　「かくれたカリキュラム」発見・改善ガイド』明治図書

・『授業力＆学級経営力』編集部編（2021）『ICT×学級経営』明治図書

・姫路市小学校特別活動担当者会（2008）『小学校特別活動ハンドブック』

・杉田洋（2009）『よりよい人間関係を築く特別活動』図書文化

・文部科学省 国立教育政策研究所教育課程研究センター（2019）『みんなで，よりよい学級・学校生活をつくる特別活動（小学校編）』文溪堂

・大野睦仁（2016）『結びつきの強いクラスをつくる50のアイデア』ナツメ社

・文部科学省（2020）「教育の情報化の手引き（追補版）」

・樋口万太郎・宗實直樹・吉金佳能（2021）『GIGAスクール構想で変える！1人1台端末時代の授業づくり2』明治図書

・中川一史・赤堀侃司編著（2021）『GIGAスクール時代の学びを拓く！PC1人1台授業スタートブック』ぎょうせい

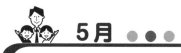

5月 ●●●

ルールを再確認
「できること」を大きく広げる

　新学年になり1ヶ月がたちました。「キラキラ」の時期はすぎ，ある意味子どもたちの「素」が見えるようになる時期です。

　4月に徹底してきたことを再確認し，定着する時期でもあります。そして子どもたちのもつ期待感を生かし，「できること」を多く増やしていく時期でもあります。

✓ 5月に見られる「しんどさ」

　5月は新生活の疲れが出はじめ，人間関係や勉強のストレスを強く感じやすい時期でもあります。「なんとなくしんどいな……」という子も出てくるでしょう。

　4月と同様に子どもたちをよく見ることは変わりないですが，4月に比べて変化がないか注意深く観察して，変化があるなら話を聴くなどの時間をつくることも重要です。

　こういう時，子どもたちは自分の気持ちを話すだけですっきりするという場合もあります。子どもの話に共感することを前提に，「こんな考え方もあるよ」ということを伝えます。

　4月にがんばりすぎて疲れ気味の子がいれば，がんばりすぎる必要はないということも伝えればいいでしょう。ロイロを使用して，気になる子には直接やりとりをする方法も考えられます。

　とくに週のはじめの月曜日は「なんとなくしん
どい」という子が増えてきたように思います。そ
の月曜のしんどさを考慮に入れる必要があります。
いきなりエンジン全開でいくのではなく，少しゆ
っくり目にエンジンをかけながら徐々に進むとい

■■■さん
今日は何となくしんどそ
うだったけど大丈夫？
天気が悪いからいつもの
頭痛もあるのかな…。

う感覚が必要です。

　なんとなくダラッとしている子どもたちを見てイライラとしてしまうかもしれませんが,「月曜日はそういうもの」という感覚をもっているだけで子どもの見方も変わるかもしれません。

　学校に行きづらいという気持ちをもっている子にとって,月曜日は余計にハードルが高い1日です。その子に対するまなざしや声かけ,目配りを大切にしたいものです。

✓ アイデアをどんどん出させる ▷

　子どもたちの活動,ICT活用も活発になってきます。朝の係活動の時間でロイロのアンケートを出し合ったり,お昼のランチタイムで家で撮ってきた風景動画を映して見せてくれたり……。いろんなことを提案して行動してくれます。

　この時期,子どもたちの「やりたい!」「これもできそう!」というアイデアがどんどん出てきます。自分たちのくらしを豊かにしていこうと思う芽がいたるところに出はじめます。大切にしたいです。

　次の画像は,「ロイロ」で作成したアンケートです。係活動でもアンケート機能を積極的に活用します。

これは，「誰で
しょうクイズ」で
す。子どもたちの
小さい頃の写真を
集めて誰なのかを
答えます。見てい
るだけで本当にか
わいくて，意外な

子の写真は答えがわかった時に非常に盛り上がります（ちなみに上段の右か
ら2番目は私です（^_^;））。

✓ 学級目標 ⌐►

「学級目標＝ゴールイメージ」です。ゴールイメージを共有することで目
的意識をもった集団となります。3月の終業式や卒業式の時にどのような学
級になっておきたいか，まずは教師が明確にビジョンをもつことが重要です。

新しい学年になってすぐの4月には学級目標を決めません。理由は，4月
はじめは，学級の実態や進むべき方向性がまだ見えにくいからです。教師は
まず，学級目標の大切さを語ることが大切です。そして，焦らずにじっくり
と決めます。学級の生活が動き出し，子どもたちが学級や仲間を意識するよ
うになってはじめて学級目標が生きてきます。

実態を十分に把握できた5月半ばぐらいが適切な時期かもしれません。も
ちろん学級の実態によって変わってきますが，いつ決めるべきかという「基
準」をもつことが大切です。

例えば，
・全員で何かを達成することができた時や，逆にできなかった時
・学級集団としての意識，個々の想いや願いが日記などに見えはじめた時
・集団としてのあり方に疑問が出された時
などです。

■学級目標の決め方

　学級目標の決め方には様々な方法がありますが，大切にしたいことは，子どもたちの願いや想いです。

　「〇年生の最後にはどんなクラスになっていたい？」

　「どんなことを大切にしたい？」

　「自分と学級のどんな所を伸ばしたい？」

などと問いかけ，引き出しながら決めます。

　例えば以下のような方法が考えられます。

①「ロイロ」のカードにクラスで大切にしたいことなどを書かせる。キーワードだけでもよい。

②書いたものをペアで読み合う。

③班（4人程度）で読み合う。

④班で話し合い，それをもとに自分で文章をつくる。

⑤できた文章をロイロの提出箱に提出する。

⑥教師を含め，全員で比較検討し，全員で承認する。

⑦学級目標を達成させるために自分ができることを各個人で自己決定する。
　ロイロの提出箱にそれぞれ提出する。

　③④の場面では，次のように共同編集機能を使って作成する方法も考えられます。まず，それぞれの班の「共有ノート」を作成します。

　そこで共同で意見を出し合い考えます。例えば次のような感じです。

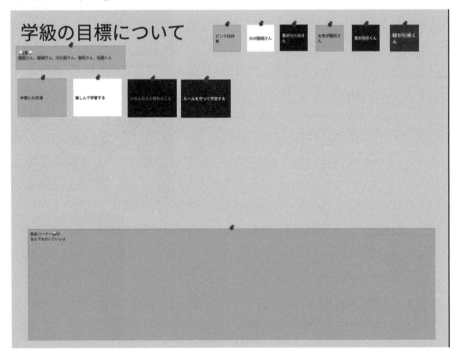

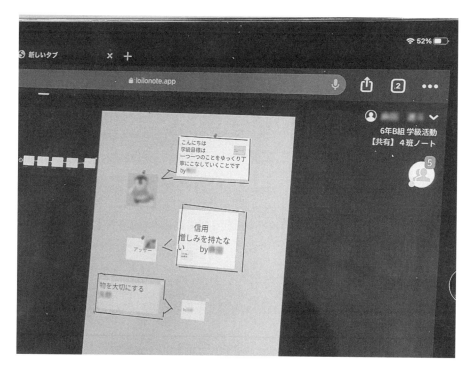

　やり方は様々ですが，話し合いを通して合意形成しながら決めていくプロセスが重要です。そうすることで，「自分たちの学級目標」になります。

　完成した学級目標は，撮影して子どもたちの端末に送ります。端末内の見やすい場所に常に置き，意識できるようにします。

■決めた後が大切

　学級目標やそれを達成させるための個人目標がただの飾りになってしまわないようにします。そのために，その活動をすることでクラスがどうなるのか，どうしたいのかということを常に意識させます。行事やことあるごとに学級目標を意識した取り組みをしていきます。例えば，体育祭で行う学級リレー練習は学級目標の「全力」「絆」「感謝」にしっかりつながっているのか，折に触れて考え，確認します。学級目標をよりどころにすると，意味のない何となくするだけの活動がなくなります。あらゆる場面で常に「何のためにするのか」という目的意識をもてるようになります。学級目標をつくるだけで終わるのではなく，以後，学級目標の実現のための実践を積み重ねていくことで，目指すべき学級の姿に近づいていきます。

　大切なことは，学級目標のもとに学級の子ども一人ひとりが繰り返し自分を見つめ直し，今自分にできることは何なのかを考え，自分の目指すべき目標に向かって実践していくことです。例えば，以下のようなふり返り方が考えられます。

・日常的に書いてふり返る

　日々の生活の中で，折に触れて書くことで，学級目標についてふり返ります。行事の前や行事の途中，事後に書かせるのも効果的です。

・朝の会や帰りの会でふり返る

　朝の会の「今日の目標発表」や帰りの会の「友だちのがんばりやいいところ見つけ」のコーナーの中で，学級目標を意識した発言があれば，それを価値づけて称賛します。

　学級目標達成に向けて努力ができれば，その努力の跡が目に見えるようにします。例えば，学級目標に星やハートのマークなどをつけて教室に掲示し，ふり返りを可視化するようにします。

■学級目標達成につながるアイデア

・学級シンボルづくり

　学級目標を受けて，全員でつくりあげるのが学級のシンボルです。シンボルづくりは，学級としての連帯感を育み，つくる過程での関わりは，学級への所属感や満足感のもとになります。学級目標の精神や言葉を織りこんだものをつくります。

・学級旗づくり

　運動会の応援，校外学習の時の目印，宿泊的行事でも活用できます。

・学級キャラクターづくり

　学級通信への記載や，マスコットづくりなど，キャラクターを使った様々な活動が考えられます。

テーマ「シンボルマークを作る意味」
シンボルマークを作る意味は，みんな一人一人の思いがこめられているので，いいなと思います。シンボルマークも「TEAM」や「6-1」，30人を表するなど絵にまでクラスについてのことがあるのもポイントなんじゃないかなって…。
それにシンボルマークにクラス目標をたっせいするようにって気持ちが入っているから，シンボルマークを見たらクラス目標がいしきできると思います！

・学級歌づくり

学級歌の歌詞を学級目標の隣に貼り，朝や帰りの会のプログラムに入れて歌うと効果的です。子どもになじみのある曲のかえ歌から作成するとつくりやすいです。

これらの活動は，学級会の議題として提案されるように，子どもたちの自治的・自発的な活動として展開したいものです。

ただ，学級目標をつくるべきかどうか問われたら，必ずしもつくるべきものではないと考えています。ここまで書いておいて何なんだ，と言われるかもしれませんが，実際に私はここ数年間つくっていません。その代わり次の写真のように学級で大切にしたい言葉を集めて掲示をしたり，子どもたちと共有したりしています。

つまり，大切なことは，学級目標を決める時と同じようにみんなで話し合い，「大切にしたいこと」を全員で納得して合意形成することです。それが子どもと共有できているのであれば，学級目標である必要もないということです。

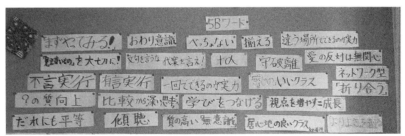

✓ 連休明けにこんな話を

連休が楽しいというのは一方的な見方で，子どもによってはそうでない子もいるはずです。ですから，より注意して見るということが必要です。

家庭によっては，楽しくないGWもあり得ます。習い事三昧で疲れている子もいるでしょう。いろんな立場の子どもがいるということを踏まえてGW明けを迎えましょう。

さて，GW明けに次のような話をしたことがあります。iPadのキーノートで作成したスライドを使って話しました。話の内容をそのまま紹介します。

山極寿一さん。2020年9月まで京都大学の総長をされていました。学者さんです。

ある動物の研究をされています。何の動物の研究をされていると思いますか？

そう，ゴリラなんです。かっこいいでしょ。

最近，私，ゴリラにハマっているんです。

京都市立動物園にゴリラがいるので1日中ゴリラを観察したいなと思っているのですが，このコロナ禍ということもあり，なかなか行くことができていません。

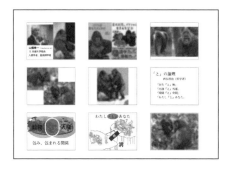

山極さんはたくさん本を書かれています。このあたりの本はとても読みやすいので，興味がある人はぜひ読んでみてください。※山極氏の書籍を提示。

この場でゴリラの魅力をいっぱい語りたいのですが，今日は時間がありませんので少しだけ紹介します。

さて，みなさん，サルとゴリラの違い，わかりますか？

もちろん毛並みや見かけは違いますよね。

ゴリラにはあって，サルにはないものがあります。

これです。何をしているかわかりますか？

にらみ合っている？　そうも見えますね。

これはどうでしょうか？

そう，お互いを見つめ合っているんですね。「覗き込み行動」と言われる行為で，顔と顔を20センチぐらいの距離に突き合わせ，お互いをじっと見ています。

どういう意図があるのでしょう？

こうやって，お互いの顔を覗き込むことが，彼らの挨拶であり，遊ぼうという合図なのです。

サルが，相手の顔を見ることは，逆に威嚇の意味があります。

親ゴリラに面と向かって抗議する子ゴリラ。

こんな光景も見られます。

サルには基本このような光景は見られません。

（親ゴリラも「あ〜わかったわかった」みたいな顔をしていますよね（^_^;)）

少し話が変わります。

みなさん「里山」を知っていますか？

この絵を見てみると，

こちらが人間の住む世界

こちらが動物の住む世界

そのちょうど交わるところに里山が存在します。

つまり両方が共存することを肯定するという場所なのです。

「両方肯定」ということは簡単なようでそうではないですね。

「と」の論理というものを言われた西谷啓治さんという哲学者がおられます。

例えば，

「存在『と』無」

「内部『と』外部」

「時間『と』空間」

「わたし『と』あなた」

一見，真反対のようなものの中に交わる部分を見つけられることこそに本質があり，その部分が重要だと言われているんですね。

先ほどの例で言うと，まさに里山の部分，

これが「と」の部分です。

人と動物が共生することが自然に行われるような場所となります。

今は少ないですが，家に「縁側」というものがありますね。

家の内と外をつなぐものとして重要な役割を果たしていました。

「包み，包まれる関係」とも言うそうです。

あいまいだけど，柔軟な部分，接着する部分とも言えそうです。

人もこのように「包み，包まれる部分」が大切にできたらいいですよね。

でも，難しい。

「私」と「あなた」，つまり，自分と他者の場合，そもそも溝があります。

それはそうです。

自分と相手とは性格も違う，大切にしているものも違う，立場も違う，状況も違います。

この溝があるから誤解が生じたり，わかり合えずにけんかをしてしまったりすることがあるんですよね。

「あ〜，相手との距離があるなぁ，溝があるなぁ」と感じた時，みなさんならどうします

か？

　とびこえようとしますか？　もし失敗したら落ちてしまいますよ。

　もし，強引に飛び越えて向こうへ行けても相手はびっくりして拒否されちゃいそうですよね。

　そうです。橋をかければいい。

　橋をかけるためには，どれくらいの溝があるのか，向こうとの距離を測らなければいけません。

　そのために向こうの状況をよく見なければいけません。

　「相手は今どんな状況なのだろう？」

　「どんな景色を見ているのだろう？」

　「どんなことを大切にしているのだろう？」

　自分の状況をいったん横に置いて，まずはじっくり見て，相手の立場になって想像してみることが必要なのですね。

　そうすることで，正しく橋をかけ，わたしとあなたの「と」の部分が生まれるのです。

　「歩み寄る」ということは相手をよく見て想像し，その人に向けて橋をかけることだと思います。

　さて，最初に見せたゴリラがじっと対面する行為。

　けっして相手を威嚇するためでもなく，敵対するわけでもない。

　これは相手と一体化し共感するためのコミュニケーションの手段，つまりゴリラ流の橋のかけ方なのです。

　そして実は，ゴリラは，けんかを仲裁する時にも同じような行為をするらしいです。

　猿のように勝ち負けをはっきりさせて強い方へついていくことはしません。

　お互いのメンツを保ったまま引き分けになるように，なだめることができるゴリラ。

　そうすることで仲間を失うことなく，かえってけんかによって相手をよく知ることにつながります。

　互いに対等につきあえるようにするのがゴリラ社会なのです。

　そこには基本的に相手に対する信頼と敬意があるそうです。

　誰もが同じようにつきあえる対等社会をつくろうとするゴリラから学べることはまだまだありそうです。

　新しい学級になって１ヶ月がすぎました。それぞれの関係性が見えてくる時期です。

　仲が深まり，また，気持ちのすれ違いも生じてくる時期です。

　まずは相手に対する敬意をもち，違いを認め，相手の思いや状況を想像した上で心の橋を架けることができるようにしたいものです。

　「歩み寄りの文化」を根づかせましょう。

✓ 他者を意識させる

　他者意識のある教室にしていきたいものです。教室では「話し合い活動」がよく行われますが,「話し合い」よりも「聴き合い」や「訊き合い」を重視します。

　例えば,話す時にはまず「みなさん聴いてください」からはじめます。

　自分が話した後には,

　「同じ意見の人はいませんか?」という同意を求める発言や,

　「違う意見の人はいませんか?」という新たな視点を求める発言や,

　「みなさんはどう考えますか?」という新規の意見を求める発言

などができるようにします。

　授業内では,以下のように自分の考えをロイロ上で提出し,共有することで自分と友だちの考えの違いに気づくことができます。

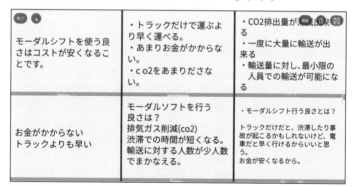

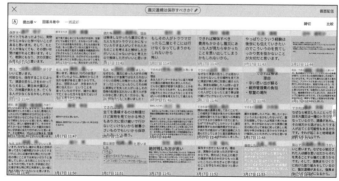

そこで,「私の考えは〜だけど,〇〇さんの考えは私とは違うので聞いてみたいです」「〇〇さんの発想は私にはまったくないので,教えてくれませんか?」などの発言を促すことができます。聴き（訊き）合いの文化は4月から徹底していきますが,5月に再確認し,発展させ,学級の文化としていくことが望ましいです。

✓ グループ活動 ▶

学級を群れでなく,チームにしていく第1歩としてグループ活動を重視します。学活の議題も,「グループ対抗〇〇大会」などという議題が多く入るようになります。

グループ編成は男女混合のくじ引きなどです。「好きな子同士」という概念は学活において必要ないことを,学活の意義に合わせて再度確認します（4月 p.58参照）。グループで話し合い,グループで協力し,グループで活動していきます。上手くいかないこともありますが,そのグループで同じ時間を過ごした分だけつながりは深まります。まずは,グループ,少人数からです。「お〜,〇〇さんはこういう時には頼りになるな」「〇〇さんて,こんなに絵が上手やったんや!」「〇〇君は実はめっちゃいいアイデア考えてるんや」など,活動する中から今まで見えなかった友だちのよさが見えてきます。小さなことから少しずつつながりを深めていき,そこから「チーム」へと意識を高めていきます。何の目的意識ももたないただの群れになることなく,一つのゴール（目標）に向かって進んでいけるチームになることを常に意識させます。自分たちの学級を「心地よいチーム」と思えるようになってほしいものです。

学習においてもグループ学習を考えます。ただ,グループがすべて機能するわけではありません。その場合のことも考えておく必要があります。グループ学習をした時に学習内容が定着しないこともあります（ここでは「グループ学習」をペアやグループ内の対話活動と位置づけます）。

その理由として，

> (1)アクティブになっていると教師が勘違いしている。
> (2)目的がはっきりせず，形だけになっている。
> (3)整理する活動がない。

などが考えられます。

それを回避するために，以下に３つのことを提案します。

①見極める

グループ学習をしていれば，学びが深まっていると教師自身が勘違いをしてしまっていることがあります。子どもたちがグループで活動している時はアクティブに話し合いをしているように見えます。しかし，子どもたちの思考は本当にアクティブになっているのか疑問に思うことがあります。そのグループ学習で，子どもたちの思考がアクティブになっているかどうかをまず見極めなければいけません。

②目的を明確に

何のためにグループ学習をしているのか，その目的をまず教師自身がしっかりと把握する必要があります。そして，子どもたちにも説明するべきです。ただなんとなくグループ学習をしていても効果は出ません。目的（ゴール）がはっきりすれば，子どもたちは見通しをもって活動できるようなります。グループ学習に入る前に教師が「キーワード」などを与えてもいいでしょう。焦点化することで，話し合いも活発になり，内容も深まります。

グループ学習自体が目的化してしまうこともあります。グループ学習をすること自体で満足してしまいます。グループ学習を手段と捉えていればそのようなことにはなりません。その授業の目的を達成させるために，グループ学習という手段を用います。

③３回の「書く」

グループ学習が言いっぱなしの活動で終わっていないでしょうか。情報をたくさん得るだけで終わっていないでしょうか。グループ学習の内容は，情

報や考えを整理することで定着するものです。そのために大切なことは「書く」ことです。３つの場面での「書く」を提案します。

①グループ学習前に書く
②グループ学習直後に書く
③授業の〈ふり返り〉で書く

　まず①のグループ学習前の「書く」は，自分の考えをもつための「書く」です。グループ学習の目的に即して書きます。書くことでグループ学習に臨む前の準備をします。書くことで自分が話し合うための目的をつくり出します。

　次に，②のグループ学習直後に「書く」こと。目的のある話し合いがされていたのなら，その直後は話し合った内容が明瞭に記憶されているはずです。しかし，話し言葉は消えてしまい残りにくいです。記憶よりも記録。話し合った後こそ大切にします。「どのような意見を交流したのか」「どのように話し合いが発展したのか」を具体的に記録します。

　最後の③は，授業の〈ふり返り〉として「書く」ことです。授業の最後に書くことで表現させます。表現させることで確実な定着を図ります。〈ふり返り〉の主語は「私は」という自分自身です。

　授業のはじめの自分との「変化」を感じさせます。「変化」を感じると，より自分を向上させるために学ぼうとします。さらに，その「変化」のきっかけが友だちの考えや意見であることを実感すると，協働的に学ぶよさも子ども自身が獲得することになります。

　授業の本質的な目的を明確にし，確実に「書く」活動を入れ，整理します。そうすることで，学習内容が定着するだけでなく，学びにつながりをもたせ，自分の変容（成長）を自覚することができます。

　ふり返りについて整理していますので，以下ご参照ください。

	まとめ	ふり返り
目的	▶学びを確認し，定着させる	▶学びを深め，学びに「つながり」をもたせる ▶変容(成長)を自覚させる
書き方	▶本時の問いに対する答えを書く ▶主語は「問い」と対応 「農家のAさんは〜。」 「織田信長は〜。」	▶自分自身の解釈や思い，学び方等について書く ▶主語は学習者 「私は〜。」

なぜ〈ふり返り〉なのか

①学びを深めるため

・どのように問題解決をしたのか，反省的に思考させる。

・客観的に学びを見つめ直し，子ども自身で学びを整理させる。

　▶立ち止まり，熟考することで，学びが深まる。

②学びに「つながり」をもたせるため

・新たに得た知識と既有知識をつなげる。

・友だちの考えを自分の学びとつなげる。

　▶知識が構造化される。協同的に学習したことが実感できる。

③自分の変容(成長)を自覚させるため

・どのように学び，どのように自分が変化したのか自覚させる。

・学習内容の獲得だけではなく，「思考法」や「追究法」の獲得を確認させる。

　▶自らの学び方を更新し，主体的・向上的に学ぼうとする意欲につながる。

〈ふり返り〉に書くべき内容の視点（例）

「まとめ」＋「私は〜」

①**価値判断**「〜したらいいと思う」「一番大切なのは〜だ」
②**意志決定**「〜なのでこれから〜したい」
③**変化(成長)のきっかけ**
　　「〇〇さんの〜という意見で私の考えが〜に変わった」
④**一番の学び**「今日の一番の学びは〜だった。理由は〜」
⑤**感動**「〜に感動した。その理由は〜」
⑥**新たな問い**
　　「〜は分かったけど〜の場合はどうなのだろう？」
⑦**解釈**「〜と解釈している」
⑧**仮定**「もし〜なら〜だろう」
⑨**納得・実感**「〜はなるほどと思う」「本当に〜だと感じた」
⑩**発見**「〜だということに新たに気づいた」

✓ **i カレンダー** 「→

　発達段階にもよりますが，自分でスケジュール管理をすることも大切な能力の一つです。カレンダーアプリに自分の予定を入れて，自己調整できるようにします。

　例えば本頁の写真は，全員の予定や天気予

報もチェックして，いつの休み時間に体育祭のリレー練習ができるか相談しています。

　みんなで相談し，調整しながら決めていきます。こうやって自分たちで「決める」という経験の積み重ねが重要です。自分たちで決めるということはそれだけ責任も伴います。

✓ 自主学習 ▶

　学習のペースがつかめ，自分で学習を進める子も増えてきます。自学を端末で送ってくる子も出てきます。

　例えば右の写真のように動画を編集して送ってくる方法です。作成している内容ももちろんですが，「動画を編集する」こと自体が新たな学びとなっています。端末ならではの方法です。

　ある子はロイロの保存性を活かして，年間の自分の変化を捉えるように決めています（自分のサッカーキックの上達を定点記録していくそうです）。

　つまり，自学の内容を保存することで，一時的ではなく，長期を見通して長いスパンでできるようになりました。自主学習のあり方を大きく変えそうです。自主学習の電子化はある意味遊びの延長なので，子どもたちも取り組みやすいようです。

子どもたちの自主学習を共有するために，以前は紙媒体（ノートそのものやカラーコピー）で張り出していました。しかし，実際に細かく見る子が限られていたり，提出してから張り出すまでの時間差ができたりする等の問題がありました。そ

れを端末で即時的に共有することで，これらの問題が解消されます。

　自主学習をした子はそのページを写真に撮り，「ロイロ」の提出箱に提出します。共有機能で共有しておくことで，常に友だちの自主学習を見ることができます。そこからヒントを得ることも多いようです。

　そして，ロイロ上で提出された友だちの自主学習にコメントも容易にできます。さらにそれを再共有することもできます。

　もちろん紙媒体で張り出して教室に並べることで臨場感が生まれます。

　ですから，どちらか択一という訳ではなく，紙媒体のよさ，電子のよさを活かして組み合わせながら柔軟に進めることが大切です。

　ちなみに本学級では自主学習のことを「追究」という名前で呼んでいます。以下，「追究ノート」について説明します。参考にされてください。

■追究ノート

　「追究ノート」をはじめる前に，教師が以下のことを前提として把握しておきます。

〈追究ノート」をはじめる前に〉

・何のための「追究ノート」なのかを明確にもつ。

〈例〉

・主体的に学ぶ態度を養うため。

・「追究の視点」を獲得し，より豊かに物事を見られるようにするため。

・「問い」を見つけ，問題解決のためのプロセスを学ぶため。

・調べたことを構成して表現する力を養うため。

・まずは質よりも量だと伝える。

・過去のものを紹介する。「憧れ」を抱かせる。

・必ず評価，コメントをする。

・必ず掲示をする。

・全体で紹介し，価値づけする。

・持続可能な形で行う。（２週間に１回程度）。

・追究ウォーク（人の「追究ノート」を見て回り，付箋によさを書いて貼る）をし，相互評価をさせる。

・コピーした追究ノートをファイルしてストックしていく。

　「追究ノート」は次のような方法で作成しています。

〈「追究ノート」の書き方〉

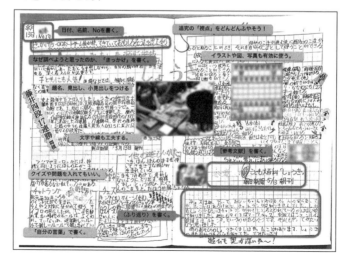

・「日付」「No」「調べたきっかけ」「参考文献」「ふり返り」を必ず書く。

・「追究の視点」を入れ，使えるようにする。

・題名，見出し，小見出しをつける。

・文字や線も工夫する。

・「自分の言葉」で書く。

・イラストや図，写真も有効に使う。

・クイズや問題を入れてもいい。

〈追究方法の視点〉

　子どもたちが追究ノートを書いていく中で見つけた「追究方法の視点」をどんどん集めて紹介していきます。そうすることで，追究の視点が広がっていきます。以下は，子どもたちが発見した追究の視点の一例です。

・比較する　　・共通点を探す　　・違いを見つける　　・分類する

・ミクロとマクロでみる　　・似ていて違うものを探す

・シリーズもの（歴史など）にする　・関連づける

・引き寄せる（自分の学級に，自分の生活等）

・つなげる（以前学習したこと，友達の考え）

・メリット・デメリットを見つける

・価値判断をする　　　　　　　　・表にまとめる

・一番ビックリしたことを書く　　・自分なりの予想をたてる

・逆のパターン（裏側）を考える　・さらに新しい「？」をつくる

・ベストとベターを書く　　　　　・イメージマップをつくる

・「なぜ？」を繰り返す　　　　　・図解する

・焦点をあてる　　　　　　　　　・少し離れてみる

・ワクワク・ドキドキを探す　　　・「？」を書きまくる

・箇条書きにする

〈保護者にも伝える〉

　学級通信などを通じて，活動の目的や内容を保護者へ伝えることも大切です。保護者が子どもたちの「追究」のパートナーとなってくれればこれほど力強いことはありません。

視点を増やす＝豊かな見方ができる

　もうすぐ１学期も終えようとしています。
　子どもたちががんばったことのひとつに「追究ノート」があります。
　それぞれの子が，それぞれのやり方で続けてきました。
　この子たちの「よさ」は友達のよさを素直に受け入れるところです。「いいところはいい」と，どんどん真似ます。学ぶは真似る。その文化がある教室はどんどん伸びます。
　まずは「量」です。書ける，ということを体感できたと思います。それから「質」に変わってきます。質の変化は「視点」が増えることと言ってもいいでしょう。
　子どもたち自身が発見した追究方法の視点は，例えば以下のようなものがあります。
　「比較する」「共通点を探す」「関連付ける」「マクロとミクロでみる」「似ていて違うものを探す」「シリーズものにする」「引き寄せる（自分の生活に）（自分の学級に）」「つなげる（以前学習したこと，友だちの考え）」「メリット・デメリットをみつける」「価値判断をする」「表にまとめる」「一番驚いたことを書く」「自分なりの予想を立てる」「逆のパターンを考える」「あたらしい「？」をつくる」などです。
　その都度全員に紹介してよさを広げています。きっとこれからどんどん新たな「視点」も増えていくでしょう。視点が増えればそれだけ豊かに物事をみることができるようになります。
　豊かな見方を手に入れれば，豊かな生活を送ることができます。大げさかもしれませんが，豊かな見方を得ることは，人生を豊かにするものだと考えています。
　さて，追究ノートを通して，子どもたちは豊かな見方を手に入れることができました。手に入れた見方を普段から「使うこと」が大切です。様々な場面で生かしてほしいと思っています。夏休み中の自由研究や追究が楽しみです。「ホンモノの力」を身につけてほしいです。

2017年度　関西学院初等部
５年B組　学級通信
No. 9 2017. 7.13 (木)

〈追究ノートを1年間続けた子どもの言葉〉

・もう4月から僕の「追究」もすごく成長してると思います。6年生になっても「追究」で手にした「書く力」を活用していきたいです。

・「追究」はいろいろな新しいことを教えてくれるので勉強にもなります。僕は追究する意味を理解してやったらいいものができると思います。僕は今までの「追究」はきっかけを持ってやっていたからその意味がわかるとすごく嬉しいし，達成感があって追究をやってよかったと思います。僕は「追究」にいつも自分の気持ちを書いています。そのほうがもっと楽しいからです。これからも楽しく「追究」をやっていいものをつくり，新しい「視点」を見つけていきたいです。これからも深く調べていきたいです。

・今までは僕の成長を書いていたけど，みんなもよりよくなっていって協力追究などいろいろ「追究の技」を見つけて，それもみんな真似してどんどん広まっていきました。「追究」は謎を解決すると新しい謎が生まれていきます。それはとってもいいものでした。やっていること一つひとつに意味がありました。その意味が理解できることでいろいろな自立性がありました。僕は「未来をがんばるために今を頑張っている」と思います。僕が目指すのは「未来の幸せ」です。そのためにがんばっていきたいです。

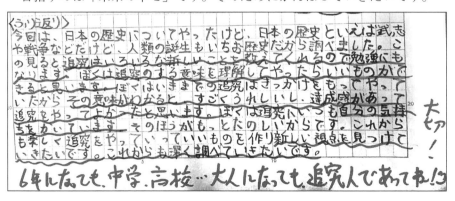

一生使える「力」として持ち続けてほしいものです。

✓ 子どもの行動

　田中博史氏（2014）は，「休み時間にクラス名簿をもって，全員の子どもたちを探して歩く」ことを提案しています。

　それを真似て，私も休み時間によくそのようにします。たまに，ある子をターゲットにして，その子の後をさりげなく追うこともあります。ついていくとその子のことがよく見えます。そして，見えたその子の姿を許可をとって端末で撮ります。授業中では見られない姿や意外な姿が見られるかもしれません。

　友だちとゆったりとした時間を過ごしていたり，１年生の教室へ行っていっしょに折り紙をしていたり……。それを知るだけでも幸せな気持ちになります。

　もちろん，見ているといいことばかりが見えるわけではありません。時にはトラブルを見かけることもあります。しかし，その様子をしっかりと見ておくことが後につながります。子どもたちの「事実」を捉える瞬間に出会えます。

✓ ICTで外部とつながる

　ICTを使用して学習に広がりをもたせたいものです。

　例えば，Zoomを使用してのゲストティーチャーです。ただ，実際の授業時刻に合わないという場合も多いと思います。そのような時は，事前に

Zoom でのやり取りを録画しておき，その様子を子どもたちに提示するという方法も考えられます。

　例として，嬬恋村未来創造課の久保宗之さんとの Zoom についてお話しします。

　次のように，授業の中で実際に子どもたちに提示するスライドを使いました。そこで私が問いかけ，久保さんに答えていただくようにしました。

　あとは，Zoom の録画をある程度編集しておき，授業の時に必要な部分を視聴します。

　現在（2021年9月），コロナ禍で人と会うことはなかなかできません。だからこそ「人」が見える授業にしていきたいと考えています。

　また，直接人と会うことができなくても，人とつながる様々な方法があるということを子どもたちに伝えることにもなります。

✓ 模擬選挙 🏳

　6年生社会科の実践です。模擬選挙を行いました。広島の中村祐哉氏から実践アイデアをいただきました。次のような計画と内容になっています。

選挙計画
5／18（火）⑥模擬選挙説明　6Bにて
～21（金）ポスター作成
5／24（月）～5／28（金）選挙活動期間
5／29（土）④投票日

選挙内容
6月7日(月)⑥，運動場で学年でできる企画を立案

　立候補者を募り，まずは端末で選挙ポスターをつくりました。

　さらに，ビラづくりです。

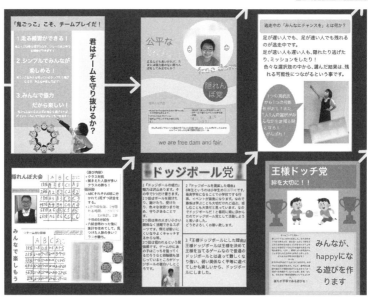

有権者は，端末に入ったビラを見ながら選挙演説を聴きます。

端末にそれぞれの立候補者のデータが入っているので，ビラがかさばったりすることがありません。

ちなみにこの模擬選挙は，選挙管理委員会から本物の投票箱を借りてきて行いました。そのリアルさに子どもたちは感動し，その場の雰囲気に緊張していました。その緊張感が何とも言えずよかったです。

選挙を終えた後に，次のようにふり返りを書いている子がいました。

今日の選挙は，すごく緊張して，謎に手が震えました。そして，入れた時に「この一票で変わるのかもしれない」とドキドキしました。普段私は選挙の時「あなたのその一票で変わります」みたいなのが書いてあるけど，実際市や県には10000人や100000人もの人がいるのに，一票で変わるはずがないと思っていました。でも今日の時間でこの思いが変わって，「私がこれを入れたら何か変わるかもしれない」と思いました。これから私が選挙に行く日がいつか来ると思うけれど，その時は今日の緊張した空気をもっと味わえるかなと楽しみになりました。

「決める」「選ぶ」ことの難しさ，重要性を感じてくれたのではないかと思います。これらの経験を経ることで，今後，学級の中でも決めたり選んだりする場面で，より慎重に，より真剣にすることが大切だと感じることができたのではないかと考えます。

〈引用・参考文献〉
・岩瀬直樹・ちょんせいこ（2011）『よくわかる　学級ファシリテーション①』解放出版社
・山極寿一（2020）『京大総長，ゴリラから生き方を学ぶ』朝日文庫
・山極寿一（2020）『人生で大事なことはみんなゴリラから教わった』家の光協会
・山極寿一（2015）『ゴリラが胸をたたくわけ』福音館書店
・宇田川元一（2019）『他者と働く　「わかりあえなさ」から始める組織論』NewsPicks パブリッシング
・池田善昭・福岡伸一（2020）『福岡伸一，西田哲学を読む：生命をめぐる思索の旅』小学館
・藤井千春（2016）『アクティブラーニング授業実践の原理』明治図書
・森川正樹（2021）『熱中授業をつくる！子どもの思考をゆさぶる授業づくりの技術』学陽書房
・宗實直樹（2021）『宗實直樹の社会科授業デザイン』東洋館出版社
・田中博史（2014）『子どもが変わる接し方』東洋館出版社

6月 ●●●

子どもを見直し捉え直す

　子どもたちの荒れが目立ちやすいこの時期は「魔の６月」と言われることがあります。それは，きっと６月にいきなり出てくることではありません。４月，５月の積み重ねがここに出てきます。「４月」の冒頭に述べたように，抜いてはいけない手抜きをすると，ここがしんどくなります。

　この時期は，子どもを捉え直すことが必要になってきます。長岡文雄（1975）は，『子どもをとらえる構え』の中で，「子どものとらえなおし」という章を立てています。以下のように述べています。

　「Ｏ君をていねいに見なおすことにした。そして，かれが入学以来書き続けてきた「毎日帳」を読み返したのである」

　「教師のなかには，『子どもを知っている』という，安易な割り切りが巣くいやすい。子どもや父兄に『先生』と呼ばれるうちに，いつの間にか，教師になりたてのころに味わった『子どもに対するこわさ，わからなさ』『人間に対処する敬虔さ』を忘れていく」

　もちろん子どもを捉え直すということは，年間を通じてするべきことです。特に「魔の６月」と言われるこの６月にこそ子どもの捉え直しが必要ではないでしょうか。そして，自分自身のあり方を捉え直す必要性も感じます。

　長岡氏は，子どもを捉える条件として次の２点を挙げています。

> ①子どもが表現できるようにすること
> ②教師の眼を磨き続けること

です。

　「子どもが何らかの形で自己表現をしなければ，教師は子どもをとらえるすべがない」「教師は毎日子どものなかにいながら，案外子どもを見ていない」と指摘しています。子どもを見る「眼」を磨いていきたいものです。

　もし，トラブルや問題行動が増えてきた時は，教師の思考として「どうにか変えなければいけない」という心理が働きます。子どもを変えようとして

もうまくいかないことがほとんどです。子どもを変えようと働きかけるよりも，子どもを見ることで気づきを得て，そこから教師自身が変わろうとすることが必要なのかもしれません。

✓ 状況説明の可視化

子ども同士のトラブルは起こるものです。「面倒なこと」と捉えずに，よくなるための「一つのチャンス」と捉えることで丁寧に対応できるようになります。状況も把握せず，お互いの言い分も聞かずに形だけの解決をすることがないよう心がけたいものです。

その際，まずは事実を確実に押さえて，それぞれの言い分を聞くようにします。丁寧に話しても，なぜトラブルが起こったのかがわか

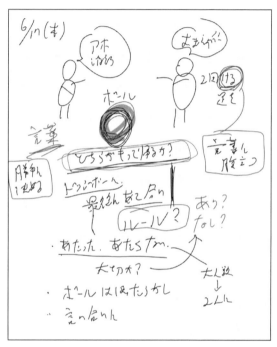

らない子も多くいます。端末を使用することでその時の状況，自分や相手の言動の可視化ができます。

可視化しながら話すことで，トラブルになったきっかけや，相手が怒っている理由を理解し，自分の言動の改善点も見えるようになります。言葉のやりとりだけでは問題の論点が見えなかったり，感情論で話を進めてしまったりすることもあります。一つひとつの出来事を紐解きながら丁寧に対応することを心がけます。

✓ 安心感のある授業を

　つながりを深めるために「みんなで学んでいる」ということをより強く意識させます。授業の中で一人の考えのよさを全員に広げ，全員でよりよい考えをつくり出していく「共有化」のある授業を目指します。

　次のような共有化の方法が考えられます。

共有化の方法	
どのように	
再生	「○○さんが言ったことをもう一度言える人？」 「○○さんがとっても大切なことを言ってくれました。○○さんの発言の大切な部分を隣の人と伝え合いなさい」
継続	「今，○○さんが「～だけど」と言いましたが，○○さんがその続きにどんなことを言おうとしているか予想できる人？」
暗示	「○○さんがよいことに気づいています。今から○○さんにヒントを出してもらいます」
解釈	「今，○○さんが～と言った意味がわかりますか？」

　社会科の事例になりますが，例えば次のようなグラフや地図を関連させながら，「なぜ瀬戸内海の気候は降水量が少ないのか」ということを考えます。

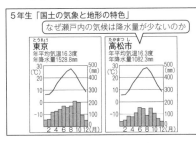

　子どもたちは「なぜ？」に答えるのは非常に難しいです。しかし，本授業のねらいを達成させるために外せない問いです。

　例えば，次のように問いの答えに近づく発言をしている子の発言を途中で止めます。その続きに言おうとしていたことをペアで話させます。「継続」の方法です。

夏は、南東からしめった季節風が吹いてきて、四国山地の手前で雨をふらせるから、瀬戸内海に乾いた風が吹き込みます。冬は…。

○○君、ちょっとストップ！

今○○君が、「夏の季節風のことを説明してくれました。そして次、「冬は…」と言っています。○○君が続きに説明しようとしていたことを予想し、隣の人に伝えなさい。

一人の子の考えを共有しなければ、その子が答えを言うだけで終わってしまいます。それを全員で考えることで共有化します。

授業の最後には、共有化が図れたかどうかを確かめる必要があります。「書く」「話す」などの表現を、一人ひとりにさせることが望ましいです。そこでのポイントは、授業のねらいとしている言葉や、新しい気づきをくれた友だちの名前が表現されているかどうかです。

共有化を図ることで、理解のゆっくりな子は、他の子の考えを聴きな

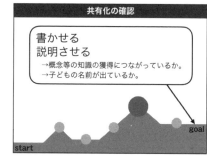

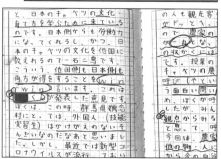

がら理解を進めることができます。理解の早い子は、他の子へ考えを伝えることでより深い理解につながります。このように、子どもたちは「学級のみ

んなと学ぶと，より学びが深くなる」と実感し，共に学ぶ喜びを得ることができます。

　例えば，下の図のように，子どもがペアで学んでいる様子をよく見ておきます。ある男の子がペアトーク中に手をパーンとたたきました。私はその子に「なぜ手をたたいたの？」と訊きました。その子は「わかったからです」と答えました。私は「誰のおかげで？」と問い返しました。このように，共に学ぶことのよさを感じている瞬間を見つけ，価値づけてよりよい方へ方向づけていきます。

教師の価値づけ　方向づけ

教師の価値づけ

「今日は○○さんの発言のおかげで学習内容が深まりましたね」

「○○さんの△△という考え方は，場所が変わっても応用できる考え方ですね」

「今みんなでシェアしていった□□という意見は，今日のポイントですね」

「今日の授業で新しい気づきをくれた人のうち，「ありがとう」と伝えたい人は誰ですか？」

共有化を行うベースとなるものは,「安心感」です。「何を言っても受け止めてもらえる」「間違えても価値づけてもらえる」「わからなくても助け合える」このようなことを子どもたちが感じているかどうかが重要です。そのために,誰でも自由に話せる雰囲気をつくることが大切です。その一つの方法として,事実や考えを問うよりも,予想する場面を増やし,「発言する」というハードルを下げることが考えられます。まずは,発言することに対する抵抗感を減らしていきます。

そして,その中で出てくる「わからない」という声を賞賛し,「わからない」という声があるからこそ学習内容が深まったり発展したりするということを価値づけます。日頃の授業に対する意識とその積み重ねが,子どもたちの「安心感」を醸成させていきます。

とはいえ,「わからない」と言うことはなかなかハードルが高いです。「わからない」を出させるために,

「今,当てられたら困る人?」

「正直,スッキリしていない人?」

「頭の中に『?』がある人?」

「ヒントがほしい人?」

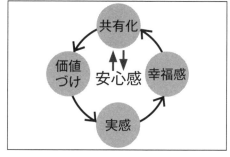

と,少し問い方を変えてみるのもいいかもしれません。問い方は違いますが,その答えはすべて「わからない」と言っているのと同じです。

また,子どもが誤答を言った時に教師がどのように反応するかで大きく変わってきます。

誤答そのものに反応するのではなく,その意味

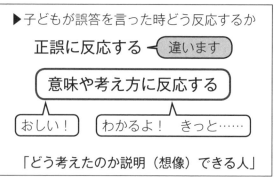

や考え方に反応します。

　「○○さんはどう考えたのか説明できる人はいますか？」などと訊くことで，その子の思考に寄り添うことができます。「おしい！」「わかるよ」などの温かい声があふれる学級にしていきたいものです。

✓ 授業でつながる ▶

　授業の中で子ども同士がつながることを意識します。その一つとしてノートの共有化を紹介します。

　子どもにとってのノートの機能は，右のようなものが考えられます。

> ①記録のためのツール
> ②思考を深めるためのツール
> ③学びをふり返るためのツール
> ④友達と交流するためのツール
> ⑤想いや願いを綴るためのツール

　仲間とつながるためのノート機能は④にあたります。例えば，教師が子どものノートをチェックしている時，ノートのふり返りに友だちの名前が書かれていれば，授業の中で紹介します。それだけでなく，名前が書かれた子を休み時間に呼んでそのノートを見せます。「え，誰が書いてくれたの？」と嬉しそうに訊いてきます。そこから交流が生まれることもあります。何より，自分の意見を聴いてもらえている充足感や安心感，自分の発言が人に影響を与えているという自己効力感を感じることができます。仲間づくりのツールとしても大きな威力を発揮するのがノートです。

　右側の〈ふり返り〉内に子どもの名前が明記され，その意味が記されています。その価値を伝えることで，学習の〈ふり返り〉の中に友だちから得た学び

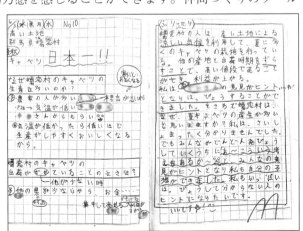

が記されることが多くなります。学習の最後に，〈ふり返り〉のみを端末で撮って，ロイロに提出させることや，ロイロのカードに直接書き込ませて提出させることもあります。端末のいいところは，これら提出されたものを共有できることです。

| （せんねんまんねんの振り返り）
僕はせんねんまんねんのなぜ漢字でもいい所がひらがなかと思って■■■くんと喋っていると言っていました。■■■君はせんねんまんねんとゆうは本当に長いんだよ、そのことを文章で表していると言っていました。僕もその意見には同意です。僕の意見は『のむのむのむ』や、『昇って昇って昇って』や、『はるなつあきふゆ　はるなつあきふゆ』が何回も年月をかけて植物や動物が同じことを繰り返しているのを現わしているとゆうことを表現してると感じました。 | 振り返り
今日は、「せんねんまんねん」を学習しました。今日は、ひらがなが多いわけと誰にとって「ながいみじかい」なのかを考えました。僕は、地球にとって短く生き物にとっては長いと思います。地球は、46億年の歴史があります。そのなかの千年万年なので、地球からしたらそこまで長く感じないと思います。そしてひらがなにすることで強調されていると■■さんが言って共感しました。 | 僕は、人間の歴史が長い短いと思います。なぜなら、社会で人間のれきしは短いと習ってそう人間的には長いけど地球的には短いと思いました。そして、■■さんがひらがなのところは目標と言っていてたしかに〜になるって未来系で言っていたからです。 |

✓ 雨の日の過ごし方 ▶

　雨が多い日々です。教室の中で過ごすことが多くなります。

　子どもたちが「雨の日倶楽部」をつくったことがありました。係活動とは別に，雨の日にだけ活動するものです。

・折り紙倶楽部（折り紙の共同作品をつくる）
・ボードゲーム倶楽部（将棋やオセロなど。人生ゲームを自分でつくっている子もいました）
・早打ち倶楽部（早打ちソフトで競い合う）
・ズーム探検倶楽部（ズームを使って校内を探検）

　雨の日で活動が制限されるからこそICTを使った新たな活動が創造されそうです。

※雨の日の過ごし方は学年や学校で揃えられるようにしてください。

✓ 大雨の日に ⌐▸

　6月は大雨による警報などで休校になる可能性が多く出てきます。そのような時にも ICT 端末は大活躍します。例えば，国語の授業でオンライン句会を行うことができます。

　例えば以下のように行ったことがあります（天：1位／地：2位／人：3位）。

> ①10：00までに俳句（取り合わせで）をロイロの提出箱に提出。
> ②10：00に無記名で共有します。
> ③10：15までに番号を投票してください。
> ④10：30頃結果を発表します。
> ※前回の「天の句」「地の句」「人の句」を添付しておきます。参考にしてください。

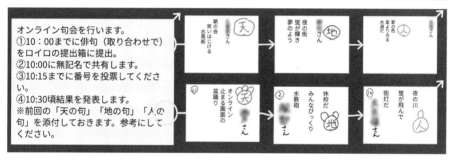

非同期のオンラインも工夫次第で色々とできそうです。

✓ 見学の仕方

けがをして体育に参加できない子がいました。その子が体育の様子を動画に撮り，曲まで入れて編集してくれました。それを全員に送ると学級のみんなは大喜びです。

そうすることで周りの子どもたちはその子に感謝します。他者貢献という意味でも望ましいです。このように ICT を活用して間接的に子どもをつなぐ方法はいくらでも考えられます。

見学方法の考え方は色々あると思いますが，自分で考えて学級のために行動しようと思った行動には大きな価値があります。

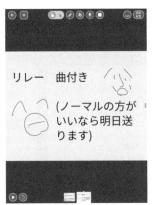

右の写真の子たちは，友だちの活動のよさをホワイトボードに書き綴っています。体育の最後に共有することで，気持ちよく授業を終えることができます。

活動は十分にできないけれど，仲間のために自分の力を使おうとする姿は見ていて微笑ましいものです。

✓ スキル的な「つまずき」

　ICT操作の得意不得意，知っているか知っていないかの差は大きいです。
6月にもなると顕著に見えるのではないでしょうか。

　そのような時，基本教師は教えません。困っている子がいれば「○○さん，
Aさんのヘルプよろしく！」などと促します。教師の所に言いに来ても，
「それは周りの誰かが知っているよ」「○○さんが得意だから訊いてごらん」
という風に，必ず起こるスキル的なつまずきは，関わり合いを通して，自分
たちで解決できるようにします。

　・困ったら人に訊く

　・困っている人がいたら助ける

ということを徹底させます。

　そうすることで子ども同士のつながりが生まれます。

　「実は○○さんはICTにめっちゃくわしいんだ」

　「○○さんがすごく優しく教えてくれた〜」

　「すごい！　キーノートの使い方は○○さんにこれから訊こう〜」

などの声が聞こえてきます。友だちのよ
さや新たな一面を再発見できます。また，
人は人に頼られると嬉しいものです。誰
かの「困った」から，助け合いの輪を広
げていきます。

　「ICTの活用」という場面で活躍する
子も大いに増えるでしょう。

✅ 見えないバトン

コロナ禍の2020年度の6月は，午前と午後でクラスの半数ずつの児童が登校する分散登校でした。その時，

・一人ひとりに目が行き渡る。

・落ち着いた空間と雰囲気で進めることができる。

などの同僚の声を聞きました。確かにそれもありました。その他，私が子どもたちの様子を見ていて特に「いいなぁ」と思ったのは，次のグループのための「心遣い」をお互いがしているところでした。

ホワイトボードに，

「○○グループも午後からがんばって！」

「おはよう！　早く一緒に授業できることを楽しみにしていま～す！」

などを書いてから下校していました。それを別のグループが嬉しそうに見ている光景を覚えています。

何か，見えない「バトン」をつないでいっているようで，見ていて微笑ましかったです。本校では，当時はまだ1人1台端末がありませんでしたが，あれば端末を通じて言葉のやりとりができます。

不自由だからこそ見えた仲間のありがたさや感謝の気持ちがありました。普段は「当たり前」になっていますが，「この時間にこの場所でこのメンバーで共に学べる幸せ」を子どもたちと確認する時間も必要です。しっかりお互いがつながれるようにお互いの存在を意識した毎日を過ごしたいものです。

✅ 自分の考えを明確にする

話し合いの時に自分の考えの根拠を示すことも重要です。

次頁の写真の子は，自分が見つけてきた資料をミラーリングで提示し，説明しています。自分の考えを主張するために根拠をもって話をすることは，伝えるための重要なスキルの一つです。

このように，自分の考えにこだわりをもち，「自分の画面を全面に提示して話す」ということを当たり前にしていくことが重要です。

✓ 授業の記録

　研究授業が多く行われるのもこの６月ではないでしょうか。できれば，年に何度もない研究授業の時などに，授業記録をとることをおすすめします。ここでは，「授業記録」について述べていきます。

　「なぜ授業記録をとるのか？」

　それは自分自身の力量形成のため，子ども理解のためです。授業記録をとることで，自分自身の説明，指示，発問を確認できます。また，子どもとのやりとりや対応も確認できます。つまり，自分自身の授業のありかたを客観的に把握することができます。しかし，授業をただ「記録」するだけで本当に力はつくのだろうかという疑問が残ります。以下，授業記録のありかたについての考えを述べていきます。

　まずは「授業記録をどう使うか」です。

　授業記録をとるだけでは不十分です。記録した内容を読みこみ，授業全体を分析，考察することが大切です。そして，次は場面場面の詳細を見ていきます。授業中では見取れなかった子どもの動きや子どもの発言内容の解釈などを書きます。授業中に自分が考えていたことも書き，記録とのズレを比較することもいいでしょう。記録をとるだけでなく，自分自身の授業中の行為や思考についてメタ認知を働かせることが重要です。

　次に，授業記録と考察を第３者に「読んでもらうこと」です。授業を参観してもらった人なら，なおさらよいです。自分の分析と読み手の分析とにズレが生じるはずです。そのズレについて対話的に話すことが望ましいです。

自分の意図を話すことで自分が授業で大切にしていることの整理もできます。おそらく自分自身が気づけなかった点への指摘ももらえます。他者からの気づきを多く得ることができます。自分自身だけの分析，考察では限界があります。読んでもらい，対話することでより深く考察できるようになります。

　最後は，他者の「授業記録を多く読む」ことです。ただし，批判的に読むことが肝要です。常に「自分ならどうするのか」という思考を入れながら読みます。常に代案を考えながら読みます。

　他人の授業記録を読んでいて，その時の様子が浮かびやすい記録とそうでない記録があることに気づきます。どれだけ詳細に書かれているかどうかです。記録者の分析や主観は必要です。しかし，記録（事実）の量が少なければ読者には様子が見えてきません。授業はすべて記録し，それをもとに分析や主観を入れていくようにします。これは，私自身が他者の授業記録を読んで気づいたことです。

　我々は子どもの姿で勝負します。事実で勝負します。その詳細な記録（事実）があるからこそ語れることが多くあります。事実から反省することが多々あります。反省をするからこそ次につなげることができます。つまり，授業記録をとることは，反省的実践を繰り返すことの礎となります。事実を真摯に受け止め，思考し，自分の行動やあり方を柔軟に調整させることができる。そういう意味で，授業記録をとり続けることの意味は大きいです。

　授業研究は，子ども理解のために行います。記録をとることが自身の力量アップにつながり，目の前の子どもをよりよく理解できるようになることにつながります。

ちなみに，記録をとるために録画か録音をすることになりますが，前面からの録画をおすすめします。やはり，子どもの表情や反応が見られる方が得られるものが大きいです。前面からと後方からと同時が望ましいですが，子どもの授業の様子を撮り，少し見るだけでも気づきがあります。研究授業ではなく，普段の授業でも端末を活用して授業内の子どもの様子を撮ってみることをおすすめします（下のような端末フォルダーがあると便利です）。

〈引用・参考文献〉
・長岡文雄（1975）『子どもをとらえる構え』黎明書房
・宗實直樹（2021）『社会科の「つまずき」指導術』明治図書
・村田辰明編著／宗實直樹・佐藤正寿著『テキストブック 授業のユニバーサルデザイン社会』日本授業 UD 学会
・宗實直樹（2021）『社会科の新発問パターン大全集』明治図書
・宗實直樹（2021）「私の実践レポート 端末導入で変わる授業の『カタチ』」日本文教出版
・樋口万太郎・宗實直樹・吉金佳能（2021）『GIGA スクール構想で変える！1人1台端末時代の授業づくり2』
・中川一史・赤堀侃司編著（2021）『GIGA スクール時代の学びを拓く！PC 1人1台授業スタートブック』ぎょうせい

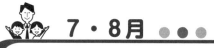

7・8月

ふり返り　学びと成長の跡を残す

　7月は暑い時期です。子どもの中にはこの暑さによって集中できない子もいると考えられます。子どもの態度が「やる気」だけの問題ではないことを理解しておくことが重要です。そうでないと，ただ，指摘するだけで関係性が悪くなることもあります。「ほんと暑いよねぇ……。1分みんなであおいで，あとは集中しようか！」などと，子どもの気持ちに寄り添った言葉がけも必要となってくるでしょう。暑さによる子どもたちのしんどさを見取ることも大切な時期です。

✓ 成長を言葉で表す

　月の終わりや行事後などの節目に子どもたち自身で自分が成長したこと，変わってきたことを記述させます。それを全員で共有することで，自分たちの成長の視点をもち，実感することができます（写真は行事後のノート例です）。

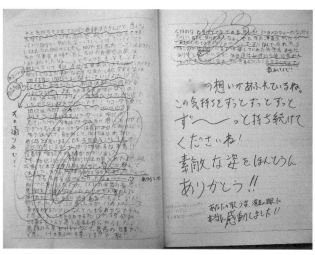

28 **ソウルフル**

平成25年度　坊勢小学校
5年1組　学年通信
No.58 2013.7.1(月)

6月の成長，できるようになったこと…。

大変でした…。何がって？あなたたちの「6月の成長」を打ち込むのが…。すごい量でした。たくさんの「視点」がありました。楽しみながら伸びていることがよく分かります。

早くも7月！なんか，あっという間ですね。短い7月。最も伸びる時期です。

- ・漢字が速く書けるようになった。
- ・自分のいい所を見つけられる。
- ・相手のいい所も見つけられる。
- ・小説が好きになった。
- ・マンガを描く前に文でストーリーを書くようになった。
- ・頭が良くなった。
- ・自分で行動できるようになった。
- ・色々なことに気づくようになった。
- ・違和感を感じるようになった。
- ・調べ力がついた。
- ・国語を前よりもっと好きになった。
- ・サッカーがもっとうまくなった。
- ・何事も努力できるようになった。
- ・何事も全力投球できるようになった。
- ・何をやっても楽しい。
- ・漢字が前より好きになった。
- ・漢字がきれいに書けるようになった。
- ・遊ぶ前にいろいろ用意できるようになった。
- ・行動が速くなった。
- ・忘れ物が減った。
- ・集中できるようになった。
- ・友だちを大切にできるようになった。
- ・掃除がきれいにできるようになった。
- ・見つけ掃除ができるようになった。
- ・給食がいっぱい食べれるようになった。
- ・そんなに文句を言わなくなった。
- ・ありがとうと言えるようになった。
- ・1回できるようになった。
- ・「はい。」とちゃんと言えるようになった。
- ・発表がいっぱいできるようになった。
- ・勉強中にしゃべらなくなった。
- ・ノートやプリントに日付がちゃんと書けるようになった。
- ・めあてカードに4行は書けるようになった。
- ・落とし物が全然なくなった。
- ・いっぱい笑えるようになった。
- ・友だちといっぱいしゃべれるようになった。
- ・先生に「配って！」と言われなくても配れるようになった。
- ・男子とも仲良くなった。
- ・ノートまとめのページ数が多くなった。
- ・我慢強くなった。
- ・給食で嫌いな物が少し食べれるようになった。
- ・スピード感がよくなった。
- ・「がんばり」をする回数が増えた。
- ・集中力が増した。
- ・国語辞典の使う回数が増えた。
- ・10マス計算が速くなった。
- ・掃除を一生懸命するようになった。
- ・めあてカードを毎日書けるようになった。
- ・文章を書くのが長くなった。
- ・怪我をしなくなった。

- ・4階へ上がってくるのがしんどくなくなった。
- ・落とし物がなくなった。
- ・あまりしゃべらない子ともよくしゃべるようになった。
- ・国語がちょっと好きになった。
- ・算数が好きになった。
- ・社会も理科も好きになった。
- ・家庭科がすごく好きになった。
- ・音楽がすごく楽しくなった。
- ・前より我慢できるようになった。
- ・漢字が得意になった。
- ・授業でいっぱい発表ができるようになった。
- ・反応がよくなった×100だぞ〜。
- ・漢字をたくさん覚えた。
- ・楽しみなことが増えた。
- ・算数は好きだったけど，大好きになった。
- ・文をたくさん長く書けるようになった。
- ・1つのことに集中できるようになった。
- ・算数で最後に感想〈ふり返り〉が書けるようになった。
- ・テストでいい点をとれるようになった。
- ・けんかが少なくなった。
- ・字がきれいになった。
- ・気をつかうようになった。
- ・落ち着いて勉強できるようになった。
- ・掃除がうまくなった。
- ・ノートに色がついてきた。
- ・「ありがとう。」をよく言ってもらえるようになった。
- ・「おはよう。」をしっかり言えるようになった。
- ・反応をするようになった。
- ・水泳で苦手な泳ぎが得意になった。
- ・運動会で組体が全部成功した。
- ・「有言実行」できるようになった。
- ・言葉遣いが少し変わった。
- ・落ちている物を拾えるようになった。
- ・よくしゃべるようになった。
- ・「100マス作文」でよく書けるようになった。
- ・人に気を使うようになった。
- ・勉強を熱心にした。
- ・授業の用途が少しできるようになった。
- ・漢字テストで100点をよくとるようになった。
- ・折り紙を折れるようになった。
- ・先生にあまり怒られなくなった。
- ・プールでよく泳げるようになった。
- ・忘れ物をしなくなった。
- ・気がつくようになった。
- ・ノートに落書きをしなくなった。
- ・勉強力が増えた。
- ・ハッピーになれることができた。
- ・国語ができるようになった。
- ・すぐに行動できた。

- ・字をきれいに書けるようになった。
- ・成長した。
- ・「どうぞ」「ありがとう」がよく言えている。
- ・整理整頓がまあまあできるようになった。
- ・「はてなね」を忘れなくなった。
- ・給食完食しているのだ！
- ・ノートがきれいになった。
- ・辞書がたくさんひけるようになった。
- ・「チームノート」に書けるようになった。
- ・計算が速くなった。
- ・友だちと仲良くできている。
- ・我慢清掃ができるようになった。
- ・島内清掃すごくゴミを拾った。
- ・社会のことがよく分かった。
- ・黒板をきれいに消せるようになった。
- ・算数が好きになったしよく分かった。
- ・配達ができるようになった。
- ・困っていたら助けた。
- ・あいさつを自分から先にできるようになった。
- ・先生の話をよくきけるようになった。
- ・ノートにいっぱい書けるようになった。
- ・がんばりにいっぱい書けるようになった。
- ・行動が早くなった。
- ・ひとのためにすることがある。
- ・百マス作文がいっぱい書けるようになった。
- ・分からなくてもがんばるようになった。
- ・「だって」とかの言葉を算数でいっぱい使っている。
- ・本読みを大きな声でがんばるようになった。
- ・友だちとさらに仲良くなった。
- ・プールで泳げるようになった。
- ・勉強が好きになった。
- ・優しくなっている気がする。
- ・掃除が好きになった。
- ・算数が得意になった。
- ・勉強でおこりが減った。
- ・人に優しくなった。
- ・ピアノが上手になった。
- ・野球が上手になった。
- ・ノートまとめが上手になった。
- ・ダンスができるようになった。
- ・注意ができるようになった。
- ・日番の仕事を帰りにできるようになった。
- ・テストの点が前より上がった。
- ・好き嫌いがなくなった。
- ・絵の勉強をするようになった。
- ・テレビをあまり観ないようになった。
- ・作文ができるようになった。
- ・兄ちゃんとさらに仲良くなった。
- ・扇風機を消すようになった。
- ・エコに気をつけるようになった。
- ・店の手伝いをするようになった。

- ・国語がさらに好きになった。
- ・勇気がついた。
- ・努力するようになった。
- ・びびりがなくなってきた。
- ・説明がうまくなった。
- ・譲るようになった。
- ・よく笑うようになった。
- ・社会がかなり好きになった。
- ・やりたいことが多くなった。
- ・たのまれることが多くなり、進んでやった。
- ・思いやりをもてるようになった。
- ・テスト満点が多い。
- ・勉強がさらに好きになった。
- ・勉強がおもしろい。
- ・消しゴムが早くなくなる。
- ・鉛筆の音がよくなった。
- ・自主勉強ができるようになった。
- ・完璧読みでいっぱい読めるようになった。
- ・100マス作文でいつも100マスを越えられるようになった。
- ・身の回りを見るようになった。
- ・掃除ができるようになった。
- ・TEAM5-1になるようにがんばった。
- ・きいて書けるようになった。
- ・反応よし、お休みカードいっぱい書ける。
- ・給食を残さないようになった。
- ・ノートに自分の考えを書けるようになった。
- ・手伝いができるようになった。
- ・本を読む時の声が大きくなった。
- ・人のことを考えれるようになった。
- ・返事をする回数が多くなった。
- ・並ぶスピードが多くなった。
- ・国語好きずっと普通の間になった。
- ・ノートが整理できるようになった。
- ・ふきだしをよく使うようになった。
- ・文句を言わなくなった。
- ・字を書くスピードが速くなった。
- ・サッカーボールの蹴った威力が上がった。
- ・社会がちょっと好きになった。
- ・姿勢がよくなった。
- ・整理が上手になった。
- ・10マスの0の段が2秒になった。
- ・好きな教科が増えた。
- ・プリントに番号が書けるようになった。
- ・陸上にずっと行けるようになった。
- ・陸上大会に出た。
- ・算数ができてきた。
- ・国語辞典の付箋が増えた。
- ・100マス作文で「ソウルフル」に載った。
- ・席書大会に選ばれた。
- ・いっぱい遊ぶようになった。
- ・漢字テストの正解が増えた。
- ・組体操で「我慢」を学んだ。
- ・発表を1回できるようになった。
- ・返事が大きな声でできるようになった。
- ・靴を揃えるようになった。
- ・クラブ活動に慣れた。
- ・図工がとても好きになった。
- ・いわれることをしっかりできるようになった。
- ・黒板に書いてあること以外を書くようになった。
- ・人と前より会話できるようになった。
- ・前向きになれるようになった。
- ・本読みが前より好きになった。
- ・成長のことを書く数が増えた。

- ・黒板をきれいに消す日が続くようになった。
- ・当番の仕事をしっかりできるようになった。
- ・はじめての本読みも上手になった。
- ・自分の意見をはっきり言えるようになった。
- ・箇条書きでのナンバリングを意識している。
- ・勉強が楽しくなった。
- ・算数の授業が楽しくなった。
- ・10マス計算ハイスコア更新！
- ・給食の行動が速くなった。
- ・違和感を感じるようになった。
- ・プリントの右上に番号を打つ意識をしている。
- ・トイレのスリッパを揃えるようになった。
- ・協力できるようになった。
- ・国語が楽しくなり、好きになった。
- ・人に言われなくてもなんでも気づくようになった。
- ・スポーツが上手になった。
- ・国語のテストが好きになった。
- ・学校が前より楽しくなった。
- ・組体操のおかげでがまん強くなった。
- ・TEAMノートにいっぱい書いた。
- ・国語ノートをきれいにとれるようになった。
- ・漢字をいっぱい覚えた。
- ・1日3回発表！
- ・いっぱい調べるようになった。
- ・きいて覚えて書く！！
- ・友だちと話合うことができた。
- ・社会がおもしろくなってきた。
- ・水泳で友だちに教えると前より泳げた！
- ・国語で難しいことが分かった。

たくさんの成長が出ました。
5月と劇的に変わっています。
変化は目にはみえにくい。
でも，あなたたちの成長（変化）はじわじわと…。

✓ テスト直し

　まとめのテストなどを行う時期です。一生懸命だけどテストの点がなかなかとれない子がいます。以前，「私バカやからなー」なんてつぶやいている子がいました。本当に辛い言葉です。本気で向かっているのに点数をとらせてやれないのはこちらの責任なのに，そんなことを子どもに言わせてはだめだなと深く思いました。「違うよ。心のコップを上向きにして一生懸命しているのに結果が出ないのは，先生の責任でもあるからね」と伝えました。高学年になるにつれて成績についてシビアに見る子も増えてきます。テストはあくまでも「自分が成長するための資料」であることも伝え，共に伸びていくスタンスでありたいものです。

　返ってきたテストをすぐに処分してしまう子はいないでしょうか。また，家においていてもうまく整理できない子も出てきます。テスト等は，貴重なその子のログになります。折に触れてふり返ることができるようにすることが望ましいです。

　「ロイロ」は保存性に秀でているので，記録として残しやすくなっています。写真の子は，返ってきたテストを「ロイロ」に取り込んで分析しています。自分がなぜ間違えたのか，もし自分が新たに問題をつくるとしたら何にするか，などを書き込んでいます。それらをどんどん「ロイロ」にためていくようにします。その場限りのものにするのではなく，後から自分の思考の跡を追い，学びをつなげて考えることができるようになります。

✓ パーティー系学活

　1学期終了を目前にして，パーティー系の学活（出し物や出店的）が多くなるのでないでしょうか。このような時も端末は大活躍です。

　例えば，お店の景品を選んでもらう時にルーレットにしている子もいました。子どもたちはいろんなアプリをうまく探してくるものです。

　端末のタイマー機能を使ったゲームをしている子もいました。

✓ ふり返り

　子どもたちに1学期のふり返りをさせることが多くなるでしょう。

　例えば，次のようなふり返りカードです。

　子どもが学びの跡をたどり，自己調整能力を高めるためのふり返りです。しかし，子どもたちに「国語の学習についてふり返ってみよう」と言っても，「え～，何したのか覚えていない……」という状況になりがちです。「漢字をがんばった」「計算をがんばった」など，抽象的にしか書けないこともよくあります。

1学期がんばり通知表

6年B組 28番　名前（　　　　　）

[くらしの中で]

内容	がんばり度
安全に生活ができた	◎
時間をしっかりと守れた	○
物を大切にできた	◎
あいさつがしっかりできた	◎
よく運動をし、元気な毎日がおくれた	◎
何事も根気よくねばり強くやり遂げた	◎
自分の仕事や役割を、責任をもって行えた	◎
何ごとも自分でよく考え、工夫をして取り組めた	◎
相手の気持ちを思いやり、仲良く助け合えた	◎
生き物の命や自然を大切にできた	◎
自分から仕事を見つけ、進んで働けた	◎
良いこと、悪いことの判断をしっかりとできた	◎
約束や学校・社会のきまりを守れた	◎

◎…よくがんばった　○…がんばった　△…がんばりが足りなかった

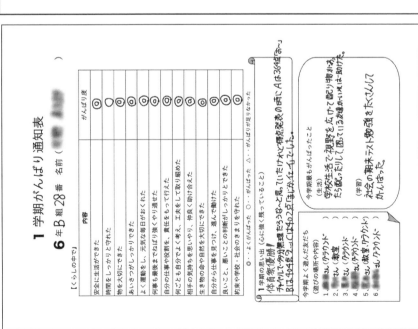

1学期の思い出
体育祭（優勝！）

今学期よく遊んだ友だち
（遊びの場所や内容）
1. ○○くん（グラウンド）
2. ○○さん（教室）
3. ○○くん（グラウンド）
4. ○○くん（教室・グラウンド）
5. ○○さん（グラウンド）
6. ○○さん（グラウンド）

今学期もがんばったこと
（生活）
学校生活で視野を広げて配り物わたし

（学習）
次の期末テスト勉強を下くらい
がんばった。

[学習の中で]

科目	がんばり度	がんばった内容（具体的に）
国語	◎	俳句作りに二十四節気を覚えた。
算数	◎	分数の計算や情景の約り方って気をつけた。
理科	◎	テストの人間の臓器や計算の単元でたくさん勉強した。
社会	◎	新型コロナに対しての政治の対応を考えたりした。（新しく）
音楽	◎	トーチカ1の演奏を少し現代でも入れて縄文時代を変えたりした。
図工	◎	縄文土器を少し現代文も入れて共有できた。
体育	○	自分の得意や苦手な事をみんなと共有できた。
家庭	◎	トートバッグ作りはオリジナリティーを入れた。気持ちをこめて（いねいに…
英語	◎	苦手だけどスピーチは最上級生なので目指すように覚えた、あとで学期…
総合	◎	6年は学校の最上を目指すのでチャレンジするときは…

がんばろう

[生活の中で]

内容	がんばり度	がんばった内容（具体的に）
保健活動（係の名）	○	
当番活動（当番名）	◎	
委員会活動（委員名）	◎	
クラブ活動（クラブの名称）	◎	
学級活動	◎	
学校行事	◎	

◎…よくがんばった　○…がんばった　△…がんばりが足りなかった　など

自分自身をふり返って（1学期で特に努力したこと）

そこで生きるのが，子どもたちが持参している端末です。例えば，ロイロであれば，p.46で紹介したように自分の各教科のノートを単元ごとに分けてつくらせておきます。

　そのノートにストックされている資料や板書記録，自分のふり返りなどを見ていきます。自分の学びの跡を確認し，学びを俯瞰することができます。このように，学期末のような節目に学びをふり返ることを子どもたちに伝えてから，４月にロイロでそれぞれのノートをつくらせておきます。何に活用するのかが明確になるので，ロイロ内の情報の整理の仕方も変わります。

　ちなみに，毎日の「ふり返り」をロイロで提出しています。以前はノートでやっていました。ノートを提出させると，返却は次の日になってしまいます。ロイロで１日のふり返りを提出することのよさは，即時的に返却できることです。また，画像を入れたり，色を工夫したり，子どものふり返り方のバリエーションも増えます。

　ただ，ロイロによるふり返りは「誰かに見られるかもしれない」という懸念もあるようです。教師とその子だけのやり取りにしたいのであれば，紙のノートを使用する方がよいでしょう。これも，どちらかのみ，という択一の考えではなく，それぞれのよさを生かしながら柔軟に考えていくべきです。

✓ 通知表 ┌▶

　端末にためている子どもの記録があれば所見も書きやすくなるはずです。事実を羅列するだけでなく，その事実から見えるその子のよさや価値を記すようにします。

　また，子どもの「見方」の転換が必要な場合もあります。

　例えば，

　「友だちとの関わりは多いが，けんかになることが多い」子どもの場合，

　「『〜しようよ！』『〜がいいと思う』と，いつも積極的に友だちに声かけをしています。友だちとの関わりの中で喜怒哀楽を豊かに表現し，大きく成長した〇〇さんでした」

などの言葉に代えることができます。

「友だちに注意する時の言葉がけが厳しすぎる」子どもの場合，

「いつも学級のけじめある雰囲気づくりのために積極的に声かけをしてくれています。自分自身の中にぶれない軸をもっています」
などの言葉に代えることができます。

「自分で考えて行動しようとしない」子どもの場合，

「係活動では，友だちの提案に対して共感的な態度を示しています。役割分担を行い，自分の責任を果たしています。話し合いを通して，いつも仲良く活動ができています」
などの言葉に代えることができます。

吉本均氏（1994）は，『教室の人間学』の中で次のように述べています。

「『個を生かす』『個の可能性を伸ばす』という発想は，一面的で，表面的な「レッテル貼り」で子どもを捉えるのではなくて，一人のなかに「二人を見る」という子ども観であり，「もう一人の自己」としての個性を発見していくという教育観なのである。

『速くはできないが，だれよりも根気づよくやれる』

『忘れものは多いが，ファミコンには熱中する』

『本読みなどは苦手だが，体験的学習には意欲的である』
などなど。一人のなかに，もう一人の個性が潜んでいるのである。個性とは，まさに，発見されて励まされるべきものとして存在している，という考え方なのである」

一見，マイナスに見える子どもの言動も別の面から見ていくと違う見方ができるということです。子どもの見方を豊かにしたいものです。正にそのような子どもの面を「発見」していくことこそ大切であると気づかされます。

✓ おすすめの一冊紹介 ┌→

　夏に本を読む機会を多く設けてほしいと思う教師や親は多いはずです。しかし，なかなかそうならない現実があります。きっかけがないからです。人は何かをピンポイントでおすすめしてもらうと，的が絞られるのでやってみようと思えます。

　そこで，夏休み前に「おすすめの一冊紹介」を行います。例えば，以下のの写真は，「キーノート」を使って本の紹介を作成している写真です。「人におすすめする本」を選ぶので，数ある候補の中から選ぶことになります。内容は，題名やあらすじ，おすすめポイントなどを端的に書きます。画像の配置や文字のフォントなど，デザインもそれぞれに工夫します。レイアウトが難しい子には，アプリ内にもともと入っているフォーマットを紹介します。

　作成した後は，「おすすめポイント」のみを端的にみんなに伝えます。

　子どもたちがつくったものはロイロ上で共有しておきます。夏休みに入ってもいつでも見ることができます。

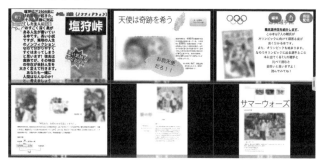

夏休み中に，実際に読んだ子が「ロイロ」で提出してきます。それを見てさらに自分も読んでみようという意欲づけになるようです。

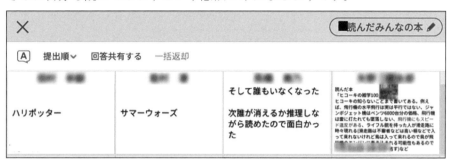

✓ ふり返り，努力やよさを認め合えるアクティビティ

　1学期末は，仲間の努力やよさを認め合い，「2学期もがんばろう！」と思えるような温かい雰囲気になれるアクティビティをします。

■あの子のがんばりミッケ！

〈ねらい〉
・1学期の仲間の努力やよさを認め合い，より学級としての仲間意識を高める（1人が1人の努力やよさを見つける目を養う）。

〈準備物〉
・1枚につき1人の子どもの名前が書かれたミッケカード。

〈時間〉
・30～40分（問題数によって変化）。

〈やり方〉
①1人ひとりの名前が書かれたミッケカードを，アクティビティ実施1週間前にクラス全員に配る。自分のカードが配られないように配慮する。
②教師はミッケカードを集める。
③1つひとつクイズ形式にしていき，誰のことなのかを当てる。
　教師「では1人目。最初，組体操の倒立ができなくて，何度も何度も体育館で練習し，最後にはまっすぐきれいな倒立ができるようになった人は誰

でしょう？」

④答えが出たら，その子を立たせてみんなでその努力を讃える。

　教師「答えは○○さんでした！　がんばった○○さんに大きな拍手を送りましょう！　ちなみに，これを書いてくれたのは△△さんです。友だちのよさを見つけた△△さんにも大きな拍手を！」

〈アレンジ〉

「ミッケ1日密着探偵」

①朝，一人ひとりの名前が書かれたカードを，全員に配る。

②カードに書かれた名前の子を1日じっくり観察しておく。

③観察している子ががんばっていたことやよい行動を3つ書く。

④その日の帰りの会や次の日の朝の会などで，教師がクイズ形式にして出題する。

　※時間がなければ紹介のみでもよい。

〈ポイント〉

・子どもたちが書いたカードを掲示します。

・「隣の子の今日のがんばりを3つ以上書きましょう」など，友だちのよさや努力を見つける習慣をつけさせておくことが大切です。

（山野　夢）さん

※授業中の発表，ノート，忘れ物，運動会の組体操，掃除など，その子の「伸びた所」を見つけて具体的に書いてね！

　例えば「苦手な漢字練習を毎日して，ずっと満点とれるようになっていることがすごい！」という風に。

※特によかった3つを書いてね。

①

②

③

（　　　　）より

ミッケカード

✓ 夏休み中の電話

　配慮するべき子がいれば，2学期がはじまる前に電話を一本を入れてもよいでしょう。

　もしくは，ロイロでメッセージを送信する方法も考えられます。

「元気してる〜？」

「また話せるの楽しみにしているよ〜」

「○○さんの好きな〜はいっぱいできた？」

など。

　その子に応じて送るメッセージは変わってきますが，ほんの少し，些細なことでいいので「あたたかい言葉」を送りたいものです。その子の「安心感」が大きく変わります。

　長い休みです。不安に感じる子にとっては大きなハードルです。そのハードルを少しでも下げられるようにしたいものです。

✓ 暑中お見舞い

　例年，夏の終わりに残暑お見舞いを子どもたちに出しています。2学期からの意欲づけと少しの楽しみを含ませています。夏に行った場所のクイズをしたり，子どもたちそれぞれの葉書に記されている言葉を合わせたら文になるようにしたり，少しの遊び心を入れるようにしていました。

　子どもたちが1人1台端末をもつようになってから，暑中お見舞いにQRコードを載せました。当時はコロナ禍でしたので，子どもたちが少しでも楽しく元気になれるような動画にリンクされるQRコードを貼りつけました。

QRコードをつくったことがない時「え，そんなのつくれるの？」と思っていましたが，本当に簡単につくれます。例えば，「QRコード作成」とネット検索し，無料サイトへいきます（https://qr.quel.jp/）。URLや文章を直接QRコードにしたりできます。ぜひお試しください。

✓ 教師の夏休みの過ごし方　ワンランクアップガイド ▶

　子どもの学びを豊かにするために，教師の学びも豊かにするべきです。

■専門性を高める
①校内の先生に訊く
　普段の忙しさではなかなか訊けないことがたくさんあります。時間も心の余裕もある夏休みに色々と訊きます。いつも身近におられる校内の先生方から教えていただくことが一番の学びになることは間違いありません。また，「教えて下さい！」と言われて嫌な気持ちになる人は少ないでしょう。きっと親切に教えてくださいます。訊いて教えてもらうことがお互いの良好なコミュニケーションにもなります。
②本を読む
　意識して本を読みます。教育書だけでなく，文芸，芸術，実用書など，幅広い読書をすすめることがポイントです。「夏休み中に15冊読もう！」などと目標を立てて取り組むとよいです。また，読んで得た学びを記録していくと財産になります。
③身銭を切って学ぶ
　官制研修だけでなく，民間研修などにも積極的に参加してみます。普段とは違った場と環境で学ぶことも大きな刺激になるでしょう。インターネットで検索すれば，たくさんの研究会やセミナー情報が掲載されています。最近はZoomなどのオンライン研修が当たり前になり，より学びやすい環境になったと言えます。

■視野を広げる

①教師以外の人と話をする

　教師以外の人と意識して話をする機会を設けます。教師は視野を広げ，幅広く学ぶことも必要です。日常的な人との関わりを大切にしたいものです。

②様々な場所へ行く

　旅行には，端末，メモ帳を持参することをおすすめします。気になったことはメモをとったり，端末のカメラに収めたり，旅行先での出来事や見聞きしたことが教材開発となることもあります。また，教材研究することを目的の一つに加えて旅行することも，目的意識があって意味のある旅行となります。小田実氏（1979）の『何でも見てやろう』という書があります。書籍名の通り，何でも見て感じるつもりで旅行すると，得るものも多くなるでしょう。

③挑戦する

　普段自分がしない新しいことにも挑戦してみるとよいでしょう。リフレッシュすると共に，新たな発見と喜びがあります。夏休み明けの子どもたちへの話のネタにもなります。

　〈例〉

　・ボランティア活動

　・校区の名所巡り（史跡，名勝，山，寺社仏閣など）

　・山や海でキャンプ　　　　・登山

　・美術作品鑑賞　　　　　　・英会話

　・絵画や陶芸　　　　　　　・温泉巡り

✓ 教師の夏の読書 ▶

　まとまった時間ができる夏休みに本を読むことをおすすめします。私は，こういった長期休業など，節目の時に必ず読み返す本が数冊あります。大村はま氏（1973）の『教えるということ』（共文社）は，そのうちの一つです。私の本の読み方は躊躇せずに３色で線を引き，付箋をつけまくります。再読

した本は，だいたいその都度線を引く所が変わります。しかし，この本は数年前に読んでいても線を引く所が大きく変わりません。「不易」なのだといつも思います。

　私が線を引いている本文のいくつかを紹介します。

○研究している先生はその子どもたちと同じ世界にいるのです。研究をせず，子どもと同じ世界にいない先生は，まず「先生」としては失格だと思います。　p.21　9−11行目

○だれが早いか遅いか，誰の目が一行飛ばすか，こういうことを知らなくていいんですか。それをよく知らないでいて，どうやって教えるつもりなんでしょう。
　　p.30−31　15行目−2行目

○私は卒業式の時，若い時は別れるのが悲しくて泣きましたが，今はこの人たちの生きていく世界が目に見えて，かわいそうで泣けてしまいます。　p.49　14−15行目

○「この子は自分なんかの及ばない，自分を遠く乗り越えて日本の建設をする人なんだ」ということを授業の中で見つけて，幼いことを教えながらも，そこにひらめいてくるその子の力を信頼して，子どもを大事にしていきたいと思います。　p.56　8−10行目

○「甘やかし」と「敬意」とはたいへん違うと思います。　p.56　12行目

○子どもが自分の思うように動かないとき，いちばん最初に心に浮かぶのはこのことです。私は，「どこに自分の計画のまずさがあったのかな」，「何のマイナスがあったのかな」と自分の方に目を返すということが習性のようになりました。　p.63　7−9行目

○万策つきて，敗北の形で「静かにしなさい」という文句を言うんだということを，私はかたく胸に体しています。　p.63　14−15行目

○自分の幸福感によってしまって，かわいさということによってしまって，それを見つめる目がないと，ここに教育者という仕事は滅びてしまうのではないか。その人は一個の「いい人」ではあっても，教師という職業人ではないということになると思います。
　　p.78　12−14行目

○その「わかりましたか」と聞く時の先生としての自分の甘さというものが，子どもたちにほんとうの真剣な答えを期待していないのです。　p.83　12−14行目

○自分の研究の成果，すぐれた指導の実力によって，子どもをほんとうにみがき上げることです。つまり，しっかり教えられなければ，頭をなでても，いっしょに遊んでやっても，それは大した値うちを持たないのだと思います。　p.88　5−7行目

○いちばん大事なことをちゃんとやっていてでないと，先生自身の自己が壊れてしまう，と思うのです。　p.88　13−14行目

　背筋が伸びます。折に触れてこうやって自分自身を戒めています。

✓ 教師のフィールドワーク

　私は社会科が好きなので，夏休みを利用してよくフィールドワークへ出かけています。「フィールドワーク」の意義について以下に述べていきます。

　「フィールドワーク」とは，新村出氏編『広辞苑』（岩波書店）によると，

フィールドワーク
(1)野外あるいは実験室外の作業・仕事・研究。野外研究。
(2)現場または現地での探訪・採集。実地調査。

とされています。

　私が行うフィールドワークは(2)の意味が強く，フィールドワークを好む理由がいくつかあります。まず，実際に行ってみなければわからないことが多いからです。そして，現地でしか味わえない空気感，存在感があるからです。自分自身がフィールドワークを行い，感じた意味について以下に述べます。

　まず1つ目は，「情報収集」が多くできることです。しかし，様々な情報を集めるだけでは不十分です。情報を集め，思考を通すことで整理され，知識となります。またさらに新たな情報を得ることで知識の幅も広がります。フィールドワークを行うことは自分自身の知識を豊かにすることにつながります。普段から，あちらこちらに転がっている情報にも敏感になります。すると，様々な情報が自然と目に入るようになります。情報を探すアンテナが研ぎ澄まされていく感じです。

　2つ目は，自分の中に「問い」を設けることができることです。行けばわかることがたくさんありますが，わからなくなることも出てきます。自分自身の中に新たな「問い」が設けられます。行くことでさらに調べたい意欲が沸き起こり，自分自身の「知っているつもり」を覆すことができます。常に「なぜだろう？」と思える感覚をもつことは，現地に行くことで磨かれます。

　3つ目は，「新鮮な感動」を得ることができることです。そこには「ホンモノ」があるからです。人，もの，こと，様々ですが，「ホンモノ」に触れると心が揺さぶられます。「おもしろい」「きれい」「すごい」などの感覚を大切にしたいです。また，行くことでとにかく「ワクワク」するものです。

自分が思っていた通りであれば，それはそれで感動します。自分の想像との「ズレ」があればまたそれはそれで面白みがあるというものです。

　小田実氏（1978）は『人びとはみんな同行者』の中で，「地図の上では，自分がどこにいるかわかっていても，地図というのは紙きれにすぎないから，地図上の位置というのも頭の中だけの架空のものだ。それを自分のものにするには現場を自分の足で歩いてみなければわからない」と述べています。

　市川建夫氏（1985）は『フィールドワーク入門　地域調査のすすめ』の中で「問題意識を常にもって，どこへ行っても同一課題を調査していると，国内の地域対比ができるばかりか，やがて諸外国との比較研究も可能になる」と述べています。そして，「地理学を勉強すると，人生は二倍楽しくなる」とも……。

　体験は理解の幅を広げ，その深さを増してくれます。見ていないこと，体験していないことを語るのではなく，まず行って体験すること。現地主義を貫きたいものです。

　夏は自分の世界を広げるチャンスです。

〈引用・参考文献〉
・吉本均（1994）『教室の人間学』明治図書
・小田実（1979）『何でも見てやろう』講談社文庫
・宗實直樹（2021）『宗實直樹の社会科授業デザイン』東洋館出版社
・大村はま（1973）『教えるということ』共文社
・小田実（1978）『人びとはみんな同行者』青春出版社
・市川健夫（1985）『フィールドワーク入門　地域調査のすすめ』古今書院

9月 ●●●

悠々とリスタートする

　長い夏休みをあけて帰ってきた子どもたち。まずは「お帰り！」と元気よく声をかけたいものです。こんがりと日焼けしている子，ぐんと背が伸びている子，髪型が変わっている子，様々な再会となるでしょう。一人ひとりの様子と共に，新たなスタートとして生じる子ども同士の人間関係の変容についても，目配り，気配りすることが重要です。

✓ 第2の学級開き

　長い夏休み明けの9月は第2の学級開きと考えます。したがって，ここでも4月同様，綿密な「準備」が必要です。以下に，ある年の私の2学期スタートデザインリストを紹介します。

【2学期スタートデザインリスト】
〈1日目〉9月1日（金）2学期始業礼拝

> ☆2学期初日の「安心感」を感じさせられるようにたくさん会話のやりとりをする。子どもたちの様子をよく見て「変化」等を確認する。

　夏休み後の子どもの様子をチェック。そのためのゲーム（全体の雰囲気と個のつながりを見られるもの）や，子どもの状態がフラットになる時間（長い休み時間）を意図的に入れていく。
※1学期のルールはその都度確認。

●<u>登校</u>

・ホワイトボードメッセージ（おかえり！）

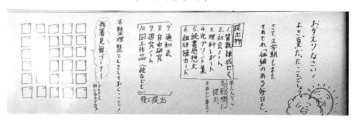

・提出物の指示　※上記参考

　※通知表は後から集めます。

　※道具箱等を自分の机の中に入れましょう。

●<u>始業礼拝　8：40〜9：10</u>

●<u>学年集会（教室フロア）　9：10〜</u>

　※担任団からの話。

　※体育祭の話。

　〈話の例〉

　しっかり「充電」できたのではないかと思います。それは普段できないことをしているから。それはどこかへ行くとかそういうことだけではない。家でゆっくり過ごすこともそう。「ゆっくり」することで心に栄養を貯めることでもある。それは先生たちも同じ。1学期にみんなで大切にしてきたことを引き続き大切にし，2学期にさらに変化しよう。「THE チェンジ！」やりましょう。

　〜9：40

●<u>各 ABC 教室へ移動</u>

　（まずは提出物やチェックで揃えて整える）

●<u>提出の仕方が正しいか　※上記板書参考</u>

　整理整頓ができているか。

●<u>通知表・ぞうきん（出席番号順）　〜10：40</u>

　※出席番号の集め方の説明→5人ずつ集める。　〜10：05提出完了

●連絡帳（宿題）

※毎回チェック（丁寧にかけているか評価する）

※提出の仕方，動線

【宿題】

・私はだれでしょう？「夏バージョン」

・係活動（クリエイティブで人を幸せにできるもの）

・教科書記名（驚くほど美しい字で）

　→宿題提出物はすべて名前の順に出す　※１学期の確認

・作品カード（自由研究もあり）

・「追究」→来週金曜日提出

【持ち物】

・音楽セット・絵の具セット

・図工教科書上下，はさみ，筆箱

【連絡】

・図，図，英，国，学，音

・７日に75mリレー選手決定

・通常授業・弁当開始

・３時間目：身体測定

・⑥合音

・応援団を考えよう！

●配付：教科書＆手紙類（最後に。記名は家で）　〜11：10

※「どうぞ」「ありがとう」両手で。相手の方へ向けて。

※プリント類すべてに番号をうつ。再チェック。

※教科書類，プリントが書けたら机の右上に揃える。

　すべて１学期の確認。

●図工の絵は子どもと一緒に写真に撮る

●教科書を取りにいく←同時進行

●休憩　〜10：25

※休憩を長めにとって，子どもたちの動き，様子をよく見る。

●残暑見舞いを合わせながら夏休みの出来事を紹介

●追究ノートや自由研究発表は明日紹介することを伝える

●PAゲーム

　①全体の雰囲気をつかむアクティビティ

　　「探偵ゲーム」「ミッションゲーム」（近づいたら拍手するゲーム）

　②「個」と「集団」のつながりを見るアクティビティ

　　「セブンイレブンじゃんけん」「とんかつじゃんけん」

　③心を合わせるアクティビティ（サイレント系）

　　落ち着いて過ごしていこう。学級で心を合わせよう。

　　「サイレントアップ4」「テレパシー握手」「電気おくり」

　④相手をよりよく知るアクティビティ

　　「一つだけダウト（夏の思い出交流）」

●夏休み簡単報告：サイコロトーキング

　班の形になって，対話する。

　〈例〉サイコロの目の話題

　①夏休みにいった場所とエピソード

　②夏休みに食べたものとエピソード

　③夏休みの一番の思い出

　④夏休みにおどろいたこと

　⑤夏休みの痛い思い出

　⑥夏休みの意外なできごと

●当番・掃除当番決め　※明日でもよし

●足跡ノート（2学期第1回）　～11：15（10分間とる）

　※日付，No，題名「私の夏」（左側ページ）「そして2学期！」（右側のページ）を記入

●ゴミ拾い・整頓

　※一人5つ拾う。→帰る前に場を清める。→＋αの意識を伝える。

●2学期大切にしたいこと（次の日でもいい）

　・1学期に大切にしてきたことを当たり前に。

　・自分たちで問題解決できる力をつけよう。

●お祈り

　※担任が行う。

〈例〉

「今日，久しぶりにこの5年B組教室に31人が集いました。「夏休みも終わる……」という気持ちも正直ありましたが，子どもたちの顔を見るとその気持ちも吹き飛びました。今，ワクワクしてたまりません。1学期とかわらず，この教室でみんながたくさんの幸せな気持ちになるよう見守ってください。これからの5年B組の豊かな歩みをどうぞ見守ってください」

●あいさつ　11：20下校

　※起立2秒→素早い行動を意識することで頭と心が豊かになる。人の時間を大切にでき，人を幸せにできる。

　※椅子の入れ方→入らない音をなくすことで場を清める。

★一人ひとりを観察して明日伝えるようにしておく（全体的な印象。個々のエピソード）。

〈2日目〉9月4日（月）

> ☆夏休みのそれぞれの努力を全体で共有する。提出物等，当たり前のことを当たり前にできていることを価値づける。

●学級通信内容（例）

・1日目を過ごした感想　子どもたちが帰ってきた喜び。

・2学期はじめ　保護者会に向けて。

・ぶつかり合う経験を成長につなげる。

・子どもの行動には隠れたメッセージがある。「何してるの！」ではなく，「何かあったの？」と引き出す。

・各家庭の価値観は異なる。異なる価値観の環境で育った子どもたちが同じ場で過ごすのだからうまくいく場面ばかりではない。

・先生に「チクる」のではなく，「どうやったらその問題を解決できるか」共に考え提案できる子に。

・ルールの再確認。なぜルールがあるのか？「なぜ？」を大切に。

★折り合いをつける勉強＝自律

【朝】

●宿題の確認

※丁寧に提出することの大切さ。

●初日の感想を伝える（肯定的な分析を）

※余裕があれば一人ひとりのことを通信で。

●席替え

●夏の作品発表会（一人30秒ぐらい）

①宿題で書いてきたカードを教師に渡す。

②教師は発表を聞きながらカードにその発表に対するコメントを書く。

③一言添えて子どもにカードを渡す。

④カードを作品に貼り，後ろに掲示・配置する。

〈3日目〉9月5日（火）

> ☆2日間のルール等を再確認し、価値づけ方向づけていく。安定した授業を行う。学ぶ心のエンジンをかける。

※1学期の確認＋ α 。
※1学期の課題やこれからの展望を踏まえて意識すること。
・話し合い（本音）で語り合う場面を設ける。
・協働的問題解決能力を高める場を多く設定する。「協働的問題解決者」の数を少しずつ増やしていく。
・「質問するつもりで聴く」ことの徹底。質問力をあげる。
・朝の時間の有効活用を図りたい。
　今のところ「追究ウォーク」を考えている。
・ハッピーレター週間を設ける。
・子どもに任せることを増やす。
　問題も自分たちで解決しようとさせる。それができるクラスだということも伝える。
・気になる子ばかりに気がいき過ぎないようにする。
・気になることは密に保護者へ連絡。

　以上です。
　内容はもちろんその時に応じて変わります。
　次に，夏休み明けのおすすめアクティビティを，目的別にいくつか紹介します。

✓ 学期はじめのアクティビティ ▷

Ⅰ　全体の雰囲気をつかむアクティビティ

■探偵ゲーム

〈方法〉

①教師が，誰にもわからないように「ハンター」と「探偵」を決める。

　※全員に目をつむらせて，教師が頭に手を置いた子が「ハンター」，肩に
　　手を置いた子が「探偵」など。

②沈黙で教室内を自由に動き，目が合った子と握手をする。

③「ハンター」は握手をした際に相手の手のひらを指でくすぐる。

④くすぐられた子は，その場に「やられた〜」などと言って倒れる。

⑤「探偵」は時間内に誰が「ハンター」なのかを見破る。

〈ポイント〉

　「探偵」は「ハンター」が誰かをよく見ておく必要があります。「ハンター」が誰かわかれば，手を挙げて「あなたがハンターですね！」と指します。当たっていたらみんなで拍手，外れていたら本当の「ハンター」が名乗り出ます。

　「ハンター」は必ずしも握手した人の手のひらをくすぐる必要はありません。手のひらをくすぐられた子は，すぐに倒れるだけでなく，時間差をつけて倒れてもいいです。バタバタと倒れていく様子に「探偵」も焦りを感じます（笑）。

　たまに「ハンター」が「探偵」の手のひらをくすぐってすぐにばれることもありますが，それはそれでおもしろいです。

　かなりスリルがあり，心理的作戦も必要となります。ゲームを通して握手をするので高学年での男女間の握手等も抵抗感が少ないです。ただ，握手を嫌がられている子がいないか，握手に抵抗感を感じている子がいないかなど，そのあたりの様子をじっくりと見ておく必要があります。

■ミッションゲーム

〈方法〉

①チャレンジャーを１人決める。

②決まったら，チャレンジャーに廊下等に出てもらう。

②チャレンジャーに知られないように「ミッション」を決める。

③みんなの拍手を頼りにチャレンジャーが「ミッション」を探る。

〈ポイント〉

　ミッションは，「教室の中である行動をすること」です。例えば，「黒板消しを持ち上げる」「カーテンをすべて閉める」「チョークで黒板に『・』を描く」などです。

　チャレンジャーの行動が正しいか間違っているかは，みんなの「拍手」で伝えることができます。少し近づけば小さな拍手，かなり近ければ大きな拍手をすれば伝わりやすいです。制限時間内に解決できるようにします。

　限られた手段の中でコミュニケーションができ，みんなで協力して問題を解決していく心地よさを感じさせることができます。

■都道府県３ヒントクイズ

〈方法〉

①都道府県３ヒントクイズをつくる（次頁図参照）。

②教室を自由に歩いて多くの子とクイズの出し合いをする。

〈ポイント〉

　学習ゲームを通して交流している様子を見ることで，休み明けの子どもの変化を見取ることができます。「クイズをつくって交流」のパターンは，その他多くの学習でアレンジすることができます。

夏休み前に予告をしているとスムーズに交流ができます。

〈1学期末の説明例〉
・地図帳を使ってつくります。　　・難しい順にヒントを3つ出します。
・最後に答えも書きます。　　　　・社会科ノートに書きます。
・一人5つ以上つくります。　　　・2学期にクイズを出し合います。

2 「個」と「集団」のつながりを見るアクティビティ

■セブンイレブンじゃんけん

〈方法〉

①教室を自由に歩く。

②目が合ったら,「セブンイレブン, じゃんけんホイ！」と言い, 同時に片手で0～5の数を出す。

③合わせて「7」になるまで続ける。「7」になったら喜び合い, ハイタッチをする。

④次の相手を探し, 同じように続ける。

⑤一定の時間がたてば両手を使い,「7」か「11」になるようにする。

〈ポイント〉

　まずは2人組でやり, 3人組, 4人組と人数を増やしてもよい。

■とんかつじゃんけん

〈方法〉

①全員立たせる。

②じゃんけんで3人の人に勝ったら座る。

③全員が座るまでの時間を計る。

〈ポイント〉

　「みんな『と』じゃ『ん』けん『勝（か）つ』ゲーム」を略して「とんかつじゃんけん」です（水落芳明氏・阿部隆幸氏，2014）。

　ポイントは，「3回勝ったら座る」のでなく，「3人に勝ったら座る」ということです。より多くの子と関わることになります。また，3回じゃんけんに勝って座っている子とじゃんけんしてもいいというルールを付け加えます（子どもから提案されるとよりよい）。安全地帯にいる自分が困っている子に何ができるかを考えることができます。そうすることで全員が座る時間が短くなり，自分たちの協力の度合いが可視化できます。

3　心を合わせるアクティビティ

■サイレントアップ４

〈方法〉

①教師の「サイレントアップ４！」というかけ声でゲームスタート。

②子どもたちは周りの様子を見ながら無言で椅子から立ち上がる。

　※誰でも自由に好きな時に立ち上がることができる。

③立っている子が４人の状態で５秒維持できればその４人はクリア。地面に座る。

④同じようにどんどん続ける。

⑤全員クリアした時点で終了。教師はストップウォッチでかかった時間を確認する。

　※クラスの人数に合わせて立つ人数を変えるとよい。

〈ポイント〉

　終了するまでのタイムを測ると，挑戦意欲もわきます。はじめて挑戦した時は，時間もけっこうかかりますが，何回か繰り返すことでタイムも縮まってきます。その都度拍手や歓声がわきあがります。新記録が達成すれば学級のみんなで讃え合えます。

　また，相手の行動をよく見て人の行動に合わせようとする気持ちや，言葉が出せない分クラスの仲間の眼を見て様子を伺おうとします。つまり，人の気持ちや行動を察しようとします。「友だちをよく見ようとすること」「気持ちを合わせようとすること」の大切さを確認することができます。よりよい学級づくりに大切な視点です。

　「いつでも」「簡単に」できるということがポイントです。いつでも簡単にできるからこそ繰り返しできます。繰り返しできるからこそ子どもたちの意識も高まります。

■テレパシー握手

〈方法〉

①教室内を自由に歩く。

②目が合った子と無言で手を握る。

③目を見つめたまま，心の中で1～5の数字を思い浮かべる。

④「せ～の！」でお互い思い浮かべた数だけ相手の手を握りしめる。

⑤回数が一致すれば無言でハイタッチ。一致しなければ会釈をして別れる。

　※一致するまで同じ子と繰り返すルールにしてもよい。

　　できるだけ多くの子と繰り返す。

〈ポイント〉

　手を握り，相手の目を見つめてお互いの数を合わそうとする時に無言の交流ができます。そこでお互いの気持ちが合えば相当嬉しいものです。

■電気おくり

〈方法〉

①全員で輪になり，手をつなぐ（席に座ったまま順につなぐこともできます）。

②端の子から次の子の手を握り，握られた子は，また次の子の手を握っていく。

③握られた感覚を「電気」と例えて，最後の人まで「電気」を伝える。

〈ポイント〉

　「電気」がゴールするまでのタイムを計ります。最短記録を目指して子どもたちは何度もチャレンジします。回数を重ねるごとにタイムを上げて達成感を味わわせます。目を閉じてやるなどのバリエーションもあります。

　「心を合わせるアクティビティ」は，どれもサイレント（沈黙系の）アクティビティを紹介しました。落ち着いて2学期を再スタートする，周りの子と気持ちを合わせる，つながりを感じる，一体感を感じる等，学級づくりに

おいて大切にしたいことを確認できます。「沈黙」を愉しみ，「沈黙」を大切にできる集団づくりを意識します。

　コロナ禍において，サイレント（沈黙系の）アクティビティは重宝します。

4　相手をよりよく知るアクティビティ
■私はだれでしょう？（夏バージョン）
〈方法〉
①「私はだれでしょう？」カードに，夏休みにしたことを３つ以上書く。
②教師が１から順に読み上げ，だれのことかを当てていく。
〈ポイント〉
　書く内容は，難しい内容から簡単な内容にしていくことがポイントです。

　夏に関係する内容なので，その子の夏の様子もよくわかります。私は子どもが書いたものを預かっておき，スキマ時間をつかってよく行っていました。「ロイロ」で提出しておけば，より簡単に行うことができます。

　夏バージョンでなくても，日常の中でも手軽に行え，友だちのことがよりわかるので，おすすめです。

私はだれでしょう？	私はだれでしょう？
1　私は，	1　私は，誰もいない日本海の海へ行きました。熱中症になりかけました。
2　私は，	2　私は，８月１日に10kmランニングをしました。熱中症になりかけました。
3　私は，	3　私は，この夏休み，庭の草抜きや木の枝切りをいっぱいしました。熱中症になりかけました。
私は（　　　　）です。	私は　宗實直樹　です。

1.宿題をギリギリに終わらしました。2.夏休み中みんなとカラオケ行きました。3.有馬温泉行きました。僕は　　　ですね	わたしは誰でしょうクイズ・家で絵をかきまくっていた・家で好きなドラマの録画をなんかいもさいせいしていた・好きな漫画絵を何回も繰り返し読んでいたわたしは　　　です	私はだれでしょ1私は海上アスレチックをしに海に行きました。2私は，この夏休み，お鍋サイズの巨大プリンを作りました。3私は，海に行ってカヌーに乗りました。私は　　　です。

■一つだけダウト

〈方法〉

①夏にしたことを３つ書く。

②その中に一つだけ「本当のような嘘」を入れる。

④ペアで見せ合う。

⑤順番で，時間内（２，３分程度）にどれが嘘なのかを見抜く。

〈ポイント〉

　一つの嘘を見つけるために解答する子に質問をさせます。出題側は，その質問にどんどん答えていきます。

　質問をする際に注意したいことが「オープンクエスチョン」です。「クローズドクエスチョン」ではそこで会話が途切れてしまいますが，オープンクエスチョンでどんどん話を広げ，深めていくことを子どもたちは学びます。もちろん「クローズドクエスチョン」からはじめて「オープンクエスチョン」にしていくことも大切です。

→「クローズドクエスチョン」とは，YES／NOで回答できたり，答えが限定されたりする質問のことです。

　例えば，以下のような質問です。

　・今日は何曜日ですか？

　・昨日は何時に寝ましたか？

　・住んでいる場所はどこですか？

【クローズドクエスチョンが有効な場面】

　　・最初に投げかける質問である時

　　・初対面の相手に質問する時

　　・質問に端的に答えてほしい時

　　・テンポよく聞き出したい時　など

→「オープンクエスチョン」とは，さまざまな回答があり得る質問のことです。

　例えば，以下のような質問です。

・どんな遊びが好きですか？

・なぜ最近早起きしようと思っているのですか？

・誰が総理大臣にふさわしいと思いますか？

【オープンクエスチョンが有効な場面】

　　・相手の考えを深めたり広めたい時

　　・相手の自由な意見を引き出したい時

　　・相手に深く考えさせたい時

　このような「クローズドクエスチョン」「オープンクエスチョン」は，教科の学習中をはじめ，多くの場面で自分が「問い」をつくったり，人に質問したりする時に意識させたいことです。

　「一つの嘘を見つける」ことをアクティビティの目的にしていますが，

①オープンクエスチョンの方法を学ぶ
②相手のことを深く知る

ということにつながります。

　時間があれば最後にシェアリング（実施して感じたことや実施した後の気持ちの交流）をします。自分たちの活動を自分たちの言葉で価値づけさせます。

　また，このようなゲームやアクティビティに関する書籍は山のようにあり，ネット検索でも多くのものがヒットします。私の場合，その多くの中から自分が毎年使うのは10以内に絞られてきました。自分が最もやりやすく，目の前の子どもにとって効果的だと思うアクティビティを「鉄板」としていくつか厳選してもっておくとよいでしょう。

✓ 何を大切にするかの確認 ▶

　席替えをした時，写真の子は，休んでいる子の机を先に動かしてくれています。９月は，１学期に伝えてきた「何を大切にするべきか」ということを確認するべき時です。

・休んでいる子を大切にすること
・時間を守ること
・人の話を聴くこと

　もちろん子どもたちと確認すると共に，教師自身がもう一度確認するべきことです。

　「『当たり前のこと』を当たり前にできる」ことの大切さを共有します。

✓ 最近変わったこと ▶

　長岡文雄氏（1975）は，「近ごろ変わったこと」と題する作文を子どもたちに書かせていました。

　「この作文は毎月中旬に定期的に書かせるものであるが，これを書かせはじめて，もう十四年になる。十四年前のある日，一年生にふと『近ごろ何か変わったことがあるの』と聞いたのである。すると，子どもが驚くほど反応して，どの子も経験を発表したのであった。このとき，『これはいける』と，わたくしは受けとめた。子どもの思考体制をのぞく要所であると考え，毎月子どもをとらえなおす機会として位置づけたのである。

　わたくしは，この作文を読まなければ，たちまち子どもに立ち入ることができなくなる。立ち入れなければ，子どもを土台骨からゆるがす教育はできなくなる。」
と述べています。

　そして，その魅力について次の７つを挙げています。

①どの子どもも書く内容をもつ

②子どもが表現する楽しみをもつ

③子どもの広いなまの生活があらわれる

④子どもの関心の所在や，思考のまとまりがみえやすい

⑤個性的な思考体制が姿をあらわす

⑥子どもの成長がみえやすくなる

⑦子どもの学年的，学期的発達の特性らしいものがあらわれる

　子どもの環境の変化や考え方の変化を垣間見ることができます。時には微笑ましくなるようなものも……。書いてあることをきっかけに子どもと会話することもあります。

　長岡氏のように定期的に書かせるのもいいですし，夏休みのような長期の休みの後に書かせるのもいいでしょう。子どもを見る視点が増えていきます。ロイロに提出した「最近変わったこと」のみを連続的に見ていくことで，子どもの様子や変化も見取りやすくなります。

最近は，友だちの見方がちょっと変わってきました。■さんです。なんかがんばってるな〜って思うし，よく見ると，私には知らないことをいっぱい知っているからです。例えば，この前，チラッと ipad を見たら，思考ツールを使ってすごいまとめ方をしていました。休み時間時にも実はとてもうまく絵をかいています。今までよりもちょっと視野を広げて友だちを見られるようになってきたことが最近私が変わってきたことだと思います。もっと多くの友だちのことを見ていきたいと思います。	私が最近変わったことは図書館に行き始めたことです。もともとは弟とお母さんが行っていて，ある時に一緒に行ってからよく一緒に行くようになりました。行ってみると楽しくて，毎回色んな本を見て探すようになりました。昨日は，私は本を5冊借りてきました！今，何のジャンルにはまっているかわかりますか？答えは推理小説です。読み出すと止まらなくなります。止まらなくなるので寝るのが遅くなります。朝が起きられないのでお母さんにもよくおこられます。でもやっぱり止められないので困っています。でもやっぱり楽しいです。

✓ ＋αの視点

　1学期よりもレベルアップする自分になるために持ちたいものが，「＋αの視点」です。

　例えば，毎日の漢字テストの最後に，「チャレ問（チャレンジ問題）」をつけます。「猪」「百足」「案山子」の読み方を問うたり，「ねこ」「りゅう」「か

め」を漢字で問うたりすることです。「春が思い浮かぶ漢字を書きましょう」や，「7画の漢字を書きましょう」「さんずいへんの漢字を書きましょう」など，漢字を集めさせてもよいでしょう。また，漢字問題の答え合わせなどをした時に，ただ答え合わせをするだけではなく，「味方」→「見方」，「使用」→「仕様」「私用」「試用」など，同音異義語を考えさせてもおもしろいです。

　このように，教師が「＋αの視点」をもって問題を投げかけることが大切です。その他の学習にも応用できます。「＋αの視点」を与えることで，子どもたちが自分で工夫して学習に取り組もうとするきっかけになります。自主学習のネタにもつながるでしょう。

　子どもたちに「＋α」の考えができるようにするためによくする活動が，箇条書きです。教科の学習の中で「思うことを3つ箇条書きしましょう」「考えられることを3つ箇条書きしましょう」などと指示を出します。その時に4つ以上書いている子を見つけ，「〇〇さんは言われたこと以上に＋αのできる人ですね」と価値づけます。

　「＋αの視点」が広がれば，様々な場面でもその考え方が見られるようになります。例えば，漢字直しを何度も書いたり，友だちとプリント等の相互チェックをした時に一言添えて友だちに渡したり，教室に落ちているごみを3つ拾うところを4つ以上拾ったりするなどです。「＋αの視点」があたりまえになれば，教室の空気感も変わります。

〈引用・参考文献〉
・薗田碩哉・高尾都茂子（1998）『すぐに役立つ新遊びの演出シリーズ④こころ・からだを耕すゲーム　ふれあいづくりと自分づくりのために』あすなろ書房
・赤坂真二編著（2018）『クラスを最高の雰囲気にする！学年別学級開き＆学級じまいアクティビティ50』明治図書
・水落芳明・阿部隆幸（2014）『成功する『学び合い』はここが違う！』学事出版
・甲斐﨑博史（2013）『クラス全員がひとつになる学級ゲーム＆アクティビティ100』ナツメ社
・長岡文雄（1975）『子どもをとらえる構え』黎明書房

10月 ●●●

学びを豊かに深める

　秋は最も学習に取り組みやすい時期です。また，体育祭，音楽祭などの行事も多くなります。日常と非日常（行事）を往還しながら学びを深め，子どもたちの力をつけたいものです。

✓ 学校行事で「個」と「集団」を育てる ⌐

　学校行事を通して「どんな子どもを育てたいか」「どんな集団にしたいか」「どんな力を伸ばしたいか」を考えることが大切です。

　職員会議の学校行事の提案で「ねらい」がとばされることが多い気がします。しかし，その「ねらい」こそが重要です。逆に言えば，「ねらい」があいまいな行事では，具体的に子どもの力を伸ばすことはできません。学校行事がやっつけ仕事的にこなされていくのはもったいないです。

　例えば，次の①②を比べてもわかります。

---

　①　「ねらいのない行事」＝やっつけ仕事？

　　Ｔ　「行事は大変だなぁ。まあ，なんとかがんばろう」

　　Ｃ　「運動会勝ってよかった。まあ，楽しかった」

　②　「ねらいのある行事」＝価値ある活動！

　　Ｔ　「仲間と支え合い，励まし合う言葉をかけ合える様な子どもたちになってほしい！」

　　Ｃ　「友だちと力を合わせて協力することの意味をこの運動会で感じることができました！」

　ゴールの子どもの姿を具体的にイメージし，ねらいを達成するための手だてを考えます。

ねらい

・歌唱や器楽の表現力を伸ばし、音楽のよさや美しさを感じ取る。

・友だちと心を合わせて音楽表現する喜びを味わう。

○ねらいに適した手だての例

①目標に向かって努力ができるようにする

↓

☆個人目標を自己決定してふり返る

　学活(2)や(3)で題材に取り上げ個人目標を自己決定する。その自己決定にもとづいて自分自身の目標達成度を小刻みにふり返る。ノートやふり返りカードに記録していくとよい。

②子ども同士でお互いに努力を讃え合えるようにする

↓

☆努力の「見える化」をする

　活動の様子を写真で掲示したりビデオ録画したものを全員で見合ったりする。自分たちの努力を確認すると共に，仲間の努力する姿を発見し，認め合えるようにする。

③仲間との関わりを増やして人間関係を深める

↓

☆意図的に学び合い，関わり合える場を用意する

　全体指導だけでなく，ペア練習やグループ練習を意図的に取り入れ，共に高め合っていけるようにする。また，１冊ノートを用意し，そのノートに毎回仲間の努力のよさを書く。ノートを交換して相互に仲間の努力を書き，励まし支え合えるようにする。

ゴールの子どもの姿

・堂々とした態度で自信をもって演奏する子どもたちの姿。

・演奏後，子どもたち同士で声をかけ合い，成功させた喜びを分かち合っている姿。　　　　　　　　　　　　　……など，具体的に。

✓ 学級活動(2)(3)

　前頁図にある「学活(2)や(3)」（下線）とは，平成29年版学習指導要領の「学級活動『(2)日常の生活や学習への適応と自己の成長及び健康安全』」と「学級活動『(3)一人一人のキャリア形成と自己実現』」のことです。

　それぞれ，

■学級活動「(2)日常の生活や学習への適応と自己の成長及び健康安全」
ア　基本的な生活習慣の形成
イ　よりよい人間関係の形成
ウ　心身ともに健康で安全な生活態度の形成
エ　食育の観点を踏まえた学校給食と望ましい食習慣の形成

■学級活動「(3)一人一人のキャリア形成と自己実現」
ア　現在や将来に希望や目標をもって生きる意欲や態度の形成
イ　社会参画意識の醸成や働くことの意義の理解
ウ　主体的な学習態度の形成と学校図書館等の活用

という内容になっています。

　前頁の内容であれば，音楽祭という行事に向けての活動なので，学級活動(3)のアの内容になります。

　活動内容(2)(3)は，学習指導要領に示された内容を教師が意図的，計画的に指導する活動です。つまり，教師が主導で指導を行う授業です。

　それに対してp.57〜63に記述している活動は，学級活動「(1)学級や学校における生活づくりへの参画」で，子どもが自分たちで計画する活動です。

　どちらも次頁図のようなねらいと活動のプロセスがあります。しかし，子どもが自分たちで話し合いを進めるか，教師主導で話し合いを進めるかという大きな違いがあります。

　学級活動(1)は「集団で話し合い，集団で合意形成し，集団で実践していく」という形になります。「みんなで話し合い，みんなで実践していく」と

いうことです。

　学級活動(2)(3)は「集団で話し合い，話し合ったことをもとに自己決定し，基本的に個人で実践していく」という形になります。「みんなで話し合い，個人で実践していく」ということです。

　学級活動(1)と(2)(3)の違いをしっかりと捉えて活動することが重要です。

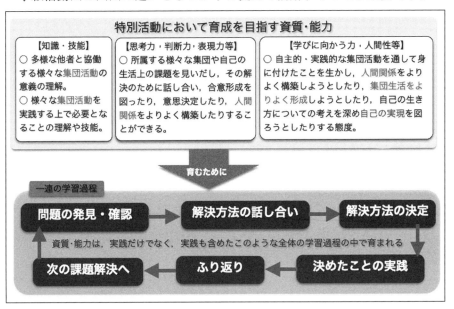

✓ 目的の可視化

　行事等，何かの活動をする時に，自分たちが「何のために」活動しているのかを意識させることが大切です。子どもたちから言葉を引き出し，それを可視化し共有します。

これは，体育祭のリレー練習の様子を話し合った時の言葉です。ダラダラとした練習になり，個人の意識の差も大きくなっていた時です。現状を把握し，どのような練習にしたいのか，よかった姿などをふり返っています。

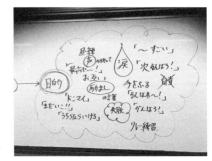

うまくいかない時こそ再確認し，自分たちでその壁を乗り越えるきっかけをつくります。そのポイントとなるのが「目的の共有化」です。先に述べた，「何のために今これをしているのか」ということを全員で確認することです。

✓ 行事の中での端末活用

下のように，行事の中で自分が担当する役割の心得のようなものを作成して臨んでいる子もいます。

この子は，代表のあいさつをその場で iPad に打ち込み，人に見てもらいながら練習をしています。自分でよりよいものにしようと自分で工夫をしている所に端末活用の意味を感じます。

✓ 行事の後の語り ▶

行事の後の語りを考えます。

例えば以下のような言葉を子どもたちに贈ったことがあります。

〈運動会を立派に成功させたあなたたちへ〉

　今回の運動会，本当に心から賞賛したいと思いました。すばらしい運動会でした！　6年生であるあなたたちのがんばりのおかげです。「やるときはやる！」そのことが今回の運動会でよくわかりました。思えば運動会の練習がはじまった時，組体操の練習では気をつけすらもできず，失敗したら笑い，いろんな技ができるなんて考えもしなかった。「かっこいい」姿なんてほど遠かった。それから考えたら，あなたたちは，毎日の厳しい練習を通して，本当に変わったと思います。気持ちも，態度も。すべての演技が力強く，立派なものに仕上がりました。もちろん，失敗や悔しい思いもあったでしょう。でもそれが，一生懸命した結果なら，そのことは必ず次につながります。一生懸命な姿が一番です。

　組体操，見事でした。技の完成度，もちろんそれもありますが，それよりもあなたたちの真剣な表情，態度，泥まみれになりながらもなりふりかまわず演技している態度が立派であり，格好よかった。みんなで力を合わせて支え合っている姿が美しかった。それこそが「組体操」だと思います。一生懸命なあなたたちに惜しみない拍手をくださる方もたくさんいました。感動して涙を流している方もおられました。あなたたちの姿が人に感動を届けました。何度も言いますが，本当に格好よかった！　そして，本当に感動した。ただ，自分の力だけではできなかったことは絶対に覚えておいてほしい。厳しい組体操の練習で技が完成した時，誰が喜んでくれましたか。失敗した時，誰が励ましてくれましたか？　誰と声をかけ合いましたか。たくさんの先生方，そして仲間がいたからがんばれたのでしょう。そして何よりも毎日温かい声をかけ，見守ってくれていたのはおうちの方々です。それに感謝する気持ちを忘れないでください。

　そして，自分の仕事に責任をもってよく働きました。まずは応援団の○○さん，○○さん，○○さん，○○さん，○○さん，見事でした。当日の演技はもちろん，それよりも讃えるべきは，当日までの計画・練習です。当日まで全力で休むことなくがんばれました。いろいろ問題もあり，最初はどうなるものかと私も心配していましたが，最後にはびしっときめてくれました。全校生をしっかり引っ張ってくれました。団長の○○さんの全校生に向けた最後の言葉は，あなたたちの想いがいっぱいつまった生の言葉で本当に感動しました。他の係の人たちも当日，

よく働きました。放送係の○○さん，○○さん，○○さんは，緊張する仕事でありながら，その放送で大いに運動会を盛り上げてくれました。準備・演技係の○○さん，○○さん，○○さん，○○さん，○○さんは走り回って会を進行させてくれました。会場・児童係の○○さん，○○さん，○○さん，○○さん，○○さん，○○さんは周りに温かい声かけをし，よく気を配っていました。得点・進行係の○○さん，○○さん，○○さん，○○さんは運動会の流れを把握し，正確に仕事ができ，スムーズに進めることができました。救護係の○○さん，○○さん，○○さんも周りに気をまわしながら自分の仕事をしっかりとこなしていました。とにかくみんなよく動いていました。

　閉会式の時のあなたたちの顔は本当に最高でした！　本番までの厳しい練習を乗り越え，やったぞ！　という自信にあふれた顔，キリッと引きしまった表情，眼，さわやかな笑顔，最高でした。みんなが大きく見えました。あなたたちは，立派に主役になれました。スローガンの通り，一生懸命の輝く汗を流しました。一生懸命の輝く応援ができました。そして，みんなで一致団結できました！　本気でやればそれだけ結果が出るのです。努力は人を裏切りません。みんなが一生懸命になり，心を一つにしたら，これだけのことができるのです。でも，これで満足してはだめです。もっともっと上を目指せるはずです。今の自分，自分たちよりもっともっと成長できるはずです。そして，校長先生が言われていたように，自分の学年だけでなく，全校生をまきこんで大きく飛躍する○○小学校をつくっていきましょう。○○のよき伝統をつくりあげていきましょう！　これからまた目標をもってがんばろう。がんばれます。そう考えると，これからが楽しみです。

　一生懸命にすることの美しさ，仲間と支え合うことのすばらしさ，そんな人間として大切なことを，この運動会で学んでくれたと信じています。この運動会を通して，みんなのことを見直したし，さらに頼もしさも感じました。「一生懸命したことしか思い出には残らない」小学校最後の運動会，みんなの心の中にすばらしい思い出としてしっかり刻まれたことでしょう。完全燃焼！　一致団結６年生！　しっかりと見せてもらいました！

　小学校最後の運動会，大成功おめでとう!!!

〈保護者の皆様へ〉

　秋晴れの運動会，大変暑い中，応援，声援，ありがとうございました。また，練習期間中は，毎日のお茶，タオルの用意，泥まみれ，汗まみれになった体操服の洗濯などもありがとうございました。子どもたちにとって小学校最後の運動会，立派にやりとげてくれました。毎日厳しい練習でしたが，保護者の皆様の励まし，温かい声かけのおかげで子どもたちもがんばれたのだと思います。そして，運動会というひとつの大きな行事を終え，子どもたちは大きく成長できました。またこれから６年生としてさらに大きく成長できるよう，共に歩んでいきますので，ご支援，ご協力の程，よろしくお願いいたします。

子どもたちが努力した分，少々熱の入った言葉でいいと思います。その中で，子ども全員の名前を入れることがポイントです。学級通信に掲載することも考えられます。子どもたちの端末に送ることも考えられます。「言葉」が端末内にずっと残ります。

✓ 承認すること ⌐▶

　「ほめ方」には，大きく分けて３種類の伝え方があると言われています。

```
・I メッセージ
・YOU メッセージ
・WE メッセージ
```

です。
　多く使われるのが，YOU メッセージです。
　「友だちに優しく声かけできるね」
　「音楽祭の木琴の練習がんばったね」
というように，「あなた」を主語にして伝えるほめ方です。
　そして，I メッセージです。
　「○○さんが優しく声をかけてくれるから，私も優しい気持ちになるよ」
　「○○さんがみんなに声をかけて体育祭の練習をしてくれて，私はとても嬉しい！」
というように，「わたし」を主語にして，自分が受け取った感情を相手に伝える方法です。
　最後に，WE メッセージです。
　「○○さんが優しく声をかけてくれるから，クラスみんなが喜んでいるよ」
　「○○さんがみんなに声をかけて体育祭の練習をしてくれて，クラスみんなが勇気づけられているよ」
というように，「私たち」を主語にして，より広い範囲（集団や組織）の視点で伝える方法です。

その他，間接的に褒める方法もあります。例えば，「理科の〇〇先生が，〇〇さんのノートのまとめ方が１学期と見違えるようになった！　って話していたよ」などです。私もそれを聞いて嬉しくなったよ」などです。

Ｉメッセージや WE メッセージで伝えることが重要だと言われます。大切なことは，相手を承認し，感謝の気持ちを伝えようとすることです。

言葉にしない非言語的な承認もあります。例えば，微笑みかける，指でグッドサインを送る，傾聴する，時間を割いて真摯に接することなどです。

以心伝心で，わざわざ言わなくてもわかっているだろうと思うこともありますが，やはり言葉に出して伝えることは重要です。

子ども同士褒め合い，認め合うことで仲間のよさを再確認し，さらに充実した人間関係を築いていきたい10月です。

■**いつどんな風に褒め合うか？**

〈日常的に〉

日常的に褒め合う場として，毎日の「帰りの会」や「連絡帳」があります。

まず，帰りの会では，隣の子と向き合って，１分間だけでも褒め合いをします。「今日の〜の時，鉛筆拾ってくれてありがとう！」「今日の国語の時間の発表，とってもわかりやすかったよ！」など。毎日褒める点を探そうという意識をもたせておくことが大切です。ロイロのカードに書いて見せ合うなどをしてもいいですね。

次に，「連絡帳」です。書いた連絡帳を隣の子と交換し，そこに吹き出しで褒め言葉を書きます。家で保護者からも友だちの褒め言葉を評価されると，ダブルで嬉しくなります。

ポイントは，日常的に行っていることの中に，ほんの少しでも褒め言葉を入れていくということです。その他，p.63で紹介した MY POST を使用することも考えられます。

〈席替えをする前に〉

　席替えをする前に，隣の子や班の子に「ペアトークの時の説明，いつもわかりやすかった！　丁寧に教えてくれてありがとう」と，「褒め言葉＋感謝の気持ち」を伝えます。

〈授業の中で〉

①机の上に自分のノートを開いて置く。教室を周りながら友だちのノートを見る。付箋に友だちのノート内容に対する褒め言葉を書いて友だちのノートに貼る。

②前で発表した子の意見に対するよさをペアで話し合う。話し合ったよさを全体の場で発表する。

など，「短時間×多回数」で褒め合い認め合う場を設定することが大切です。継続することで，褒め合うことが「当たり前」になります。

　結果だけでなく，過程に目を向けさせることも重要です。そのために，普段から教師が子どもの過程に目を向けて褒め，認める姿勢が重要です。

✓ 学習ゲーム

　授業の導入で教室の雰囲気を温めたり，楽しく学習モードに切りかえたりする必要がある場合もあります。例えば上條晴夫（2000）は，導入ゲームの5条件として，次の5つを挙げています。

　1　まずはおもしろいこと

　2　シンプルなゲームであること

　3　誰でも参加できるものであること

　4　あまり長くなりすぎないこと

　5　結果が明瞭であること

これらの条件を考えながら様々なゲームを用意することができます。以下に，汎用的に使える学習ゲームをいくつか紹介します。オンライン授業の導入としても十分に使えます。

■**ラッキーナンバーは誰だ!?**
〈行い方〉
①子どもが2けたの数字を決める。
②教師が＋2けたの数字を決める。
③計算をして答えを求める。
④求めた答えの各位の数字を足す。
⑤ラッキーナンバーになった子は手を挙げる。
【**ラッキーナンバーの決め方**】
　ゲームをする前に決めておく。決め方は色々考えられる。
❶教師が決める。
❷教師と子どもが相談して決める。
❸日直が決める。　　など
　【たし算】

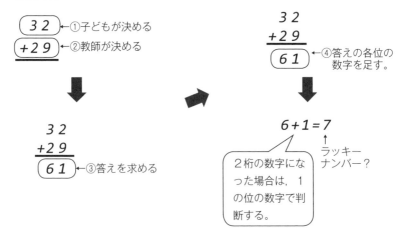

【ひき算】

① → 〔82〕
② → 〔-17〕 ➡ 89
　　　　　　-17
　　　　　　72 ← ③ ➡ 7+2=9
　　　　　　　　　　　　　↑
　　　　　　　　　　　ラッキー
　　　　　　　　　　　ナンバー？

かけ算やわり算でもできる。中学年，高学年でも対応可能。

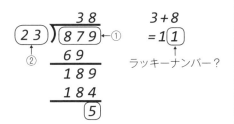

【わり算】

　　　　38
〔23〕）〔879〕← ①
②　　　69
　　　　189
　　　　184
　　　　　〔5〕

3+8
=1〔1〕
ラッキーナンバー？

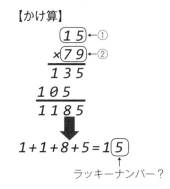

【かけ算】

　　〔15〕← ①
　×〔79〕← ②
　　135
　105
　1185
　　↓
1+1+8+5=1〔5〕
　　　　　　↑
　　　ラッキーナンバー？

■かぶってOK　かぶってアウト

〈行い方〉

①4，5人のグループをつくる。

　※各グループに画用紙数枚（白紙でも可）とマジック，もしくはiPadなどの端末を用意する。

②教師が「かぶってOK」か「かぶってアウト」か，どちらかを指定する。

③「地図記号と言えば……」など，教師が問題を出す。

④グループで相談し，答えを画用紙に書く。

　※制限時間は1分程度。子どもたちが相談して考えている間に，教師も自分の答えを書いておく。

⑤各グループ答えを書いた画用紙を持ち上げ，全員に見せる。

　※「せ〜の！」の声に合わせて見せる。

⑥教師は，書いた答えを全員に見せる。

※「かぶって OK」の時は，教師の答えと自分たちの答えが同じなら得点が 2 点入る。「かぶってアウト」の時は，教師の答えと自分たちの答えが違えば得点が 1 点入る。総合計点で競い合う。

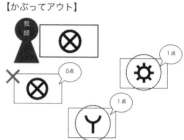

※同期型の Zoom オンライン授業では，ブレイクアウトルームを使ってグループで相談してもよい。

■○○にズームイン！

〈行い方〉

① Google earth である場所を映す。

②それぞれどこの場所なのかを子どもたちが答える。

③その場所の特徴について考え，子どもたちが発表する。

　Google earth を活用したゲーム。例えば，Aの写真のような場所を映して「ここはどこだと思いますか？」と子どもたちに問う。「池がいっぱいあるね」と子どもたちが気づく。少しずつルーズにしていき，兵庫県加古郡稲美町だということがわかる。

　それだけでなく，Bの香川県高松市丸亀町も同じように行う。「なぜどちらも池が多いのだろう？」という問いをつくることができる。

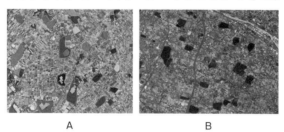

A　　　　　　　　　B

　その他，「ここは兵庫県の何市でしょう？」「ここはどこの都道府県でしょう？」など，学年に応じて，市→県→全国と範囲を広げていく。それぞれの

地域に近寄って見ることで，日本には様々な地形があることを実感できる。自分たちの住んでいる地域や特徴のある地形が言葉やイメージだけでなく，実際の様子を見て認識することができる。

　Google earth を使って自分の住んでいる場所や，地理的に学習を確認する子も出てくる。様々な活動への発展が期待できる。

↑この子は，自分の家が古墳の近くにあることを説明してくれました。

↑この子は，海沿いに古墳が多いことを説明してくれました。

✓ 環境づくりに QR コード

　総合的な学習の時間など，学習を豊かにするために大切なことは，環境づくりです。子どもたちの学習の環境づくりのために教室のあちらこちらにQR コードを置いておきます。子どもたちが端末をもって QR コードにかざすと，それに関連した動画等が流れるようになっています。

　学びの環境のあり方も大きく変わります。

✓ 問題作成

　学びを深めるためのツールとして子どもたちが端末を使えるようになることが大切です。次の写真は，ロイロの「クイズカード」を使って子どもが問題をつくっています。

　それらを提出箱に提出させ，様々な問題が並ぶようにしています。共有しておけば，子どもたちはスキマ時間等，自分が好きな時に友だちの問題を解き合うことができます。

✓ 自分たちでつくる

　2020年度は，このような感じで連絡帳をカードでつくって子どもたちに送っていました。

　それを真似して連絡をつくる子がでてきました。

　次頁の表は，座席表です。横に長細くなってはいますが，班ごとに色分けをするなど，自分で考えて作成しています。

　子どもたちが1人1台端末をもちはじめると，色々と「やってみたいこと」が出てきます。子どもたちからの提案はできるだけ取りあげ，できることは子どもたちに任せるようにしています。「教師がやるべきこと」という前提から「子どもに任せること」

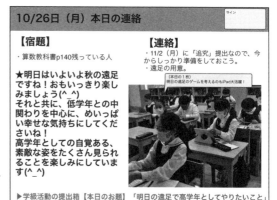

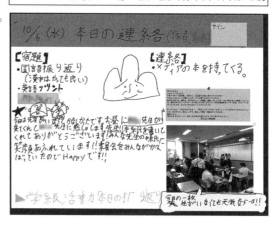

へシフトしていくものを増やしていくべきです。

　自分たちでできることが増えてくると，出張などで担任が不在の時にも機能するようになります。

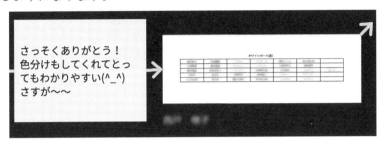

✓ 修学旅行

　子どもたちが最も楽しみにしている行事である修学旅行。子どもたちと共に最高の思い出にしたいものです。また，ねらいをもつことで，学びを深め，仲間との絆も深まる修学旅行にします。

　子どもたちが主体的に活動できる修学旅行を目指して，実行委員会を組織し，学年全体で計画・実施していくとよいでしょう。学校行事も，子どもたちに任せられる範囲を決めて任せていけば，自主性を育むことができます。

■仲間との絆を深める

①自分たちだけのオリジナルワッペンをグループのシンボルに！

　旅行中，ずっと「同じものをもつ」ということが，仲間との連帯感を高めます。フェルトなどを使って，家庭科や図工科の時間に制作してもいいでしょう。

このワッペンにみんなで想いをこめよう！

「協力・努力・笑顔」をグループのテーマにしてみんなでがんばろう！

※修学旅行後，テーマについて自己評価させ，成長を実感させることも大切です。

②相談，協力！　班別行動

　時間と場所を指定し，班それぞれ自分たちで計画し，行動できる機会を与えます。チェックポイントを決め，それぞれの場所でクイズに答えるようにします。

③仲間のよさを発見し合う

　夜，全員が集まる時に，その日の友だちの行動のよさを発表し，お互いを認め賞賛し合える場を設定します。日常の学校生活ではなかなか見られないよさがたくさん見つかります。

■追究型修学旅行に

①しおりを工夫する

　事前に「？」をたくさん見つけさせ，しおりに書き込ませる「？コーナー」と，それを答えるコーナーをつくっておきます。「実際に見なければわからない」状態まで調べておくことが大切です。

　〈例〉金剛力士像の口の形は？

②1人1台iPadを持参する

　不思議に思ったものや，発見したものはすかさずカメラに収めるようにします。折に触れて動画も撮るといいでしょう。事後のまとめの活動をする時の資料になるよう撮った後に厳選させます。

■事後を意識する

①修学旅行川柳をつくって交流する

修学旅行で最も心に残っていること・感動したこと・学んだことを川柳にして，クラスみんなで読み合います。楽しみながら修学旅行をふり返ることができます。交流後は右図のように掲示しておきます。ロイロで作成して共有する方法も考えられます。

③学びをまとめて発表する

学んだことを5年生や保護者に向けて発表します。修学旅行に行く前からこのことを伝えておくと，発表するための資料やネタを集めようと努力します。また，まとめる時はキーノートなどのプレゼンソフトを使って発表すると効果的です。

ある年の2泊3日の修学旅行，ずっと「感謝」をテーマにして日程をこなしていました。移動はすべてバスによる行程で，担当のバスガイドさんと運転手さんには大変お世話になりました。子どもたちにとっての修学旅行は本当に楽しかったようで，バスガイドさんと運転手さんに深く感謝し，別れを惜しんでいました。

修学旅行が終わった後に次のような手紙が送られてきました。なんと，バスガイドさんとバスの運転手さんからてでした。そこには言葉と共に，子どもたちが考えたシンボルマークも描かれていて，非常に喜んで感動していました。

ねらいや目的をもって行う行事は感動を生み出すこともあります。

〈参考文献〉
・樋口万太郎・宗實直樹・吉金佳能（2021）『GIGA スクール構想で変える！１人１台端末時代の授業づくり２』
・文部科学省（2017）『小学校学習指導要領（平成29年告示）解説　特別活動編』
・文部科学省　国立教育政策研究所教育課程研究センター（2019）『みんなで，よりよい学級・学校生活をつくる特別活動（小学校編）（特別活動指導資料）』文溪堂
・赤坂真二（2017）『主体性とやる気を引き出す学級づくりの極意』明治図書
・南恵介（2017）『子どもの心をつかむ！指導技術「ほめる」ポイント「叱る」ルール　あるがままを「認める」心得』明治図書
・上條晴夫監修／佐藤正寿編著（2006）『社会科の授業ミニネタ＆コツ101』学事出版
・上條晴夫編著（2000）『授業導入ミニゲーム集　はじめの５分が決め手』学事出版
・上條晴夫（2014）『学びのしかけで学力アップ！学習ゲームの極意』明治図書
・宗實直樹（2021）『社会科の「つまずき」指導術』明治図書

「文化」を育み創造する

✓ 学級文化をつくる

　『教育用語辞典』で「学級文化」は「学級集団が共有する価値意識や規範，行動様式など」と定義されています。また，「学級文化」の中には「目に見える学級文化」と「目に見えない学級文化」があると指摘しています。「目に見える学級文化」とは学級の歌や旗，調度品の配置や掲示物，学級通信などのことを指します。「目に見えない学級文化」とは，学級集団が共有する価値意識や規範，行動様式など，その学級の雰囲気や風土などとして語られるものです。

　学級文化の特性としては，

> ①集団性（学級児童の集団活動）
> ②協働性（心と力の結集・高まり）
> ③継続性（中長期間の継続）
> ④独自性（学級の自慢・誇り・特質）

などが挙げられます。

　学級文化は，子ども同士の豊かな学級生活につながります。学級文化を子どもと共に創造していく視点をもつことが重要です。

■学級文化を創造する３つの方法

> ①教師の意図的な取り組みから
> ②自然発生的な流れから
> ③子どもの自治的活動から

があります。

それぞれ，実際に活動したものを紹介します。

①教師の意図的な取り組みから

　教師自身の発案や呼びかけにより，全員の活動へと導く方法です。教師は，きっかけをつくるだけでなく，促し盛り上げる役にも回ります。

　教師が種をまいて，そこから学級にとっての「当たり前」の文化をつくっていきます。

●辞書引き

　「わからないことがあったらすぐに調べる」という知的な学級文化をつくっていきます。

　C「どの教科の時でも国語辞典を用意して，どんどん言葉を調べるぞ！　調べた場所には付箋をペタリ！」

●MY 格言集め

　教師がクラスや個人にとってプラスになるような格言を普段から伝えることで，子どもたちも自分が大切にしたい格言（言葉）を集めるようになります。

　C「『有言実行』『努力の分だけ道が開ける』『文句を言わずに代案を言う』……。MY ノートをつくって素敵な言葉をいっぱい集めるぞ！」

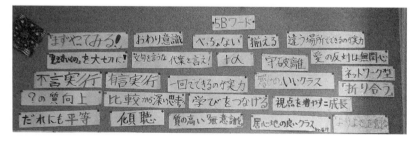

②自然発生的な流れから

　数人によって創り出された活動から，どんどん参加人数が増え，学級全体の活動へと展開されることがあります。「この指止まれ方式」です。

　雨の日に活動できることや，休み時間に活動できることなど，子どもたちのアイデアからはじまる自然な活動を「○○サークル」と位置づけて活動していくのもいいでしょう。

●いい人見つけサークル

　「いい人見つけますブック」を作成し，その中によい行動をした人などを自由に書き込めるようにします。サークル員が，終わりの会で発表し表彰します。たくさん書いてくれた子に手づくりの賞状を渡します。温かい雰囲気になります。

　友だちのよさを見る眼が育ちます。

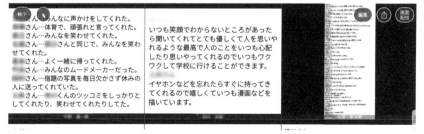

　そのサークルの提案で，ロイロの提出箱をつくりました。そこにクラスの友だちのよさをためていくことで，あたたかい気持ちになれます。

●ボードゲームサークル

　将棋やオセロなどを手づくりして遊びます。そのうち，自分たちのオリジナルルールのボードゲームをつくり出し，クラス全員でトーナメント戦を行うようなこともありました。

●オンライン掲示板

　子どもたちが次のような形で学級の掲示板を作成しました。共有ノートで作成しているので子どもたちはいつでも書き込めるようになっています。生活班やサークルごとに分けて書き込めるようにしています。

　自分たちの生活をより豊かにしようという気持ちが表れています。

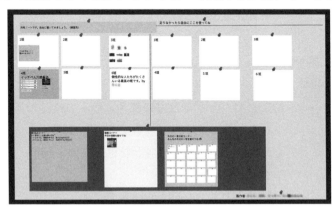

③子どもの自治的活動から

　学級会や係活動等の自治的活動から生まれる活動です。

　学級会や係活動などの自治的活動から発展し，様々な学級文化が発生します。

●○年○組歌合戦

　「歌声係」が歌を披露するだけでなく，グループ対抗の歌合戦を企画します。

　Ｃ「グループ対抗の歌合戦をするので，参加してみたい人はこのエントリーカードに名前を書いてください！」

　　どんどん周りを巻き込みながら盛り上げていきます。

●新聞紙 de ファッションショー

「グループで新聞紙オブジェをつくろ
う」という議題で学活をします。

その中で，違う活動のアイデアが思い
浮かび，新聞紙のファッションショーな
どに発展していきました。モノづくりか
ら身体表現へ発展する例です。

C「新聞紙っておもしろい！今度は自
　分の服をつくってファッションショ
　ーをしてみたいな！」

自治的な活動が広がると，どんどんア
イデアがわいてきます。

下の写真の子は自分のアイコンを募集しています。たくさんの子が応募し
てくれたようで，満足そうでした。

「今，この時，この場所で，この仲間でしかできないこと」を意識させて
活動させたいものです。

そして，常に子どもに働きかけ子どもと共に考え創意工夫しようとする教
師。あるいは，子どもの自主性・自発性を最大限に尊重し子ども一人ひとり
が自らのよさや可能性を自由に発揮できるようにする教師でありたいもので
す。

　4月のpp.57〜63で学活(1)の話し合いについて述べましたが、この時期に話し合いの文化ができているかをチェックすることも大切です。自治的な集団になっている学級は、学活の話し合いを自分たちで進めることができます。いつまでも教師の手が入るようではまだまだ育っていないということになります。

　とはいえ、なかなか自分たちで進めることは難しいものです。次のような「学級会の手びき」を子どもたちの端末に送り、困った時に使えるようにしておきます。

学級会のてびき

柱	進め方
一．開会　　はじめの言葉	「今から　第○回　学級会をはじめます。」起立・礼・着席　「はじめの言葉を言ってもらいます。」
二．議題確認	「今日の議題は、○○です。」
三．提案理由の説明と質問	「提案理由の○○さんに提案理由を言ってもらいます。」「提案者に質問はありませんか。」
四．話し合い	「では、話し合いにはいります。」
五．話し合いの柱	※大事な柱に十分な時間をとるために、これらの柱は事前に決めておく方法もあります。

　○いつするか（※）
　　「学活の時間」以外の意見→先生、○○の時間は使えますか。

　○どこでするか（※）
　　「教室」以外の意見→先生、○○は使えますか。

　○チーム分けは　どうするか
　　○○について話し合います。
　　○○という意見が多いですが、ほかの意見はありませんか。
　　なければ○○に決めてもいいですか。
　　（はい）
　　では、○○に決めます。

　☆小さな柱ごとに　話し合うとき
　　では、○○に決めます。

　○意見がばらけたとき（多数決のとり方）
　　○○という意見が出たので、○○について話し合います。
　　・意見がばらけるので採決します。○○について出ている意見は○○、□□（全部言うこと）です。
　　・この中でいらない意見はありませんか。
　　・くっつけるとよい意見はありませんか。
　　・○○（副会長）、人数を数える。

　○世話する係は　どうするか
　　→
　　どんな仕事があるか意見を出してください。
　　・今のいらないような仕事はありませんか。
　　・○○係（学級の係）が、どの仕事を引きうけてくれますか。

　六．先生の話
　　・話し合いが時間内に終わらなかったとき
　　・意見が出ないとき
　　・柱がかわされたとき
　　・意見が出されたとき
　　時間が来たので残っている柱は○○の時間に話し合ってもいいですか。
　　近くの人と相談して出してください。
　　今は○○について話し合っています。その意見は後で出してください。

　七．その他
　　○決定する係は　どうするか

　八．決まったことの確認
　　・理由なしの発言が続くとき
　　できるだけ理由をはっきりと言ってください。

　九．おわりの言葉
　　閉会
　　「決まったことを、ノート記録の○○さんに発表してもらいます。」
　　「先生の話を聞きます。○○先生おねがいします。」
　　「ありがとうございました。」
　　「おわりの言葉を言ってもらいます。」
　　「これで　第○回　学級会を終わります。」起立・礼・着席

　また、内容のある話し合いにするために、最も考えなければいけない部分は端末で意見を出し合って共有しながら話し合いを進める方法もあります。次の図は、お世話になった先生が出産された時に何を何のためにプレゼントするのかを考えた意見です。

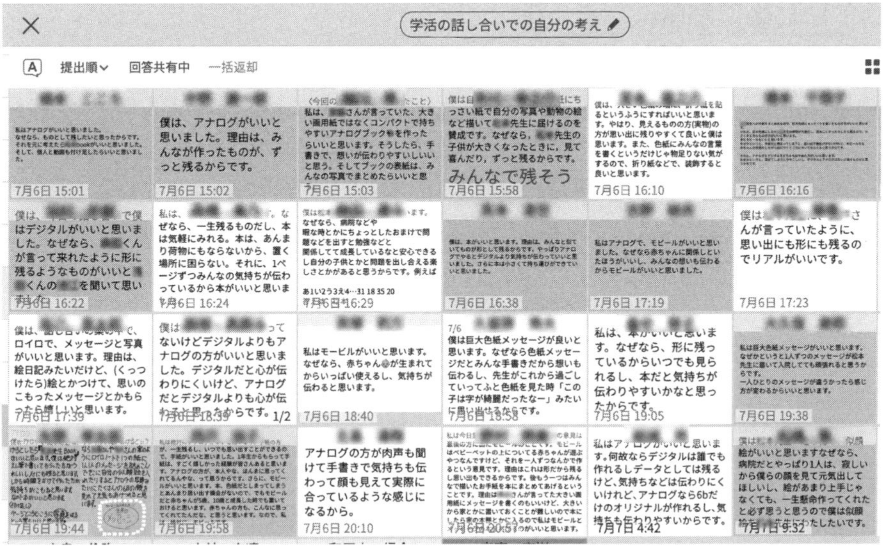

　話し合いの際，子どもたちが折り合いをつけられるかどうかを見ておくことがポイントです。

・お互いに譲り合い納得できる点を探そうとすること

・異なる意見が出た時にその折衷案を出す

・新たな第3の意見を出す

・自分の意見は通らなかったけど，みんなの意見には納得できるから決まったことには従う

　つまり，自分の考えは大切にするけれど，相手のことや学級全体のことも考えた「自分も OK　みんなも OK」という言動ができるかということです。このようなスキルは，話し合う活動を何度もくり返すことによって獲得できるスキルです。「なすことによって学ぶ」ことを大切にし，話し合いを通じてよりよい問題解決ができる集団でありたいものです。

✓ いじめに敏感になる ▶

　中野信子氏（2017）は，『ヒトは「いじめ」をやめられない』（小学館）の中で，いじめが増える時期は６月と11月と指摘しています。日照時間の関係から，「安心ホルモン」であるセロトニンの分泌量が減り，不安に思う人や攻撃性が高まる人が増える時期だと述べています。

　５〜６月，10〜11月は，運動会や音楽会などの大きな行事が終わった直後です。ルールに従わない子やみんなと違う動きをする子が目立ちやすくなっています。

　中野氏は，「この時期に標的になってしまうと，いじめは過激化しやすいため，科学的にもそういう危険な時期であることが指摘されているのだということを念頭に置き，配慮していくことが大切です」と述べています。

　また，運動会や音楽会は活躍できる場が多くなり，「社会的報酬」も得られやすくなる非日常的な場だと言えます。しかし，日常生活に戻り，突然その社会的報酬が得られなくなると，ある種の禁断症状のようになる時があり，そんな自分を何とかしたくて，誰かを攻撃してしまうこともあると中野氏は述べています。

　私たちは，学級経営において，仲間意識を高めようとすることが多いです。しかし，人間関係のトラブルを回避するには，不必要に仲間意識を高めすぎないという視点ももつべきです。

　そこで中野氏は，効果的な指導法として２つのアプローチを提案しています。

---

①「イベントはあくまでも通過点である」ということをリアルに伝えること
②別の楽しみや社会的報酬を与えること

です。

　①は，発達段階に応じて伝えていく必要があります。通過点ではありますが，目的意識をもち，適切にふり返ることで，子どもたちに意味のある通過

点だと感じさせることが重要です。行事を通して得た力を日常に活かし，日常で得た力をまた行事で活かします。日常と行事（非日常）の正の往還で，つなげる意識をもたせます。

②は係活動や当番等様々な活動で子どもを価値づけていきます。行事等の時に，目立たなくても陰で支えてくれている子が必ずいます。そういった子達にしっかりと目を向けて声をかけていくことが重要です。

✓ 人間関係の流動性 ┌▶

仲間意識が強すぎ，関係が濃いからこそ起こってしまうのがいじめです。「全員チャイムで席に着けた」「全員が発表した」「全員完食できた」「全員提出できた」などの結果のみを取り上げ続けると，特定の子が非難されることにもなりかねません。教師の言動によって，特定の子が標的にされたり辛い思いをさせたりしてしまうこともあるので，十分な注意や配慮が必要です。

また，人間関係を固定化せずに，意識的に流動性を高めていくことも必要です。

例えば，次のようなことが考えられます。

■席替え

なぜか席替えは「1ヶ月に1回」といったパターンが多いです。今まである「学校の当たり前」を問い直すことも必要です。その時の子どもの実態にもよりますが，多めに席替えの機会を設けています。その理由は子どもたちに話します。

・誰と近くになってもよりよい関係を築ける現状のあり方
・新たな友だちの一面が知れるよさ
・様々な人と関わることで，自分の「世界」を広げられること
など，その意図をはっきりと伝えることが重要です。

ただ，基本は席替えは教師が行うものだと思っています。学力のこと，人間関係のこと，身体的なことなど，配慮しなければいけない事項が多いから

です。もちろん「べき」はありません。学年の発達段階，学級の実態に応じて変えていけばいいと思います。

　ちなみに頻繁に席替えをするのであれば，こちらの「席替えメーカー（https://sekigae.jp/）」が重宝します。

■学び合い的な学習

　学習によって子どもの得手不得手があります。例えば算数は得意だけど，国語は苦手ということもあります。学び合い的な学習を取り入れることでそれぞれの得意分野で関わることで，その子のよさが目立つようになります。また，苦手があれば助けてもらうことになります。自立するということは決して自分1人ですべてをするということではなく，困った時に「助けて」と援助の声を出せることだということも学ばせたいものです。

■場面リーダー

　リーダーを固定化しないことです。例えば，体育祭や音楽祭の時に前に立って活躍する子や，学活の実践活動で前に立って活躍する子など，固定化せずにさまざまな子が活躍できるようにしたいものです。

　行事のような時だけでなく，「iPad の基本操作のことなら〇〇さん」「思考ツールのことは〇〇さん」といった感じです。

　また，それぞれの場面でリーダーになることで，「自分がリーダーになって困ったこと」を生かして，よりよいフォロワーシップになることができます。誰でもリーダーになれる機会を意図的に用意することも大切です。

〈参考文献〉
・山﨑英則・片上宗二編（2003）『教育用語辞典』ミネルヴァ書房
・倉田侃司編（1997）『学級文化づくりのイベント集小学校編』明治図書
・椙田崇晴（2013）『子どもたちが笑顔になる「驚き！」の学級づくり』東洋館出版社
・中野信子（2017）『ヒトは「いじめ」をやめられない』小学館新書

12月　●●●

2学期のしめくくりと新年を迎える準備を

　長い2学期が終わろうとしています。4月や9月に立てた目標の達成度を
ふり返り，自分の成長を感じさせる12月にしたいものです。課題ばかりに目
が向きそうですが，各自の活動のよさや成長が実感できるような活動の場を
設定することが大切です。

　また，年末年始にしかできないこともあります。大掃除，餅つき，除夜の
鐘，年賀状などの伝統文化・伝統行事に触れる計画を立て，家族の一員とし
ての自覚を高める冬休みにしたいものです。

✓ クラスのみんなに挑戦状

　1年間の思い出や学習内容をクイズやゲーム形式で出題し，解き合うこと
で思い出をふり返り，楽しい雰囲気で2学期の学びをふり返ることができま
す。

〈やり方〉

①右のように，「挑戦状カード」
　にクイズを書く。

　C「どんなクイズにしようかな
　　ぁ。一番がんばった国語の学
　　習クイズにしようかな」

②「挑戦状」を解き合う。

【パターンA】班の中でクイズを解き合う。

　　C「漢字問題づくしだね！」

　　C「これは難しい！　気合いをいれて解こう」

【パターンB】自分の机の上にカードを置き，ノートをもって自由に友だちの挑戦状を解く。

　　C「そういえばこんな思い出もあったなぁ。懐かしい問題だ」

　　C「う～ん，これはちょっと難しい！　○○さん，ヒント教えてくれない⁉」

【パターンC】教室に掲示していつでも問題を解けるようにする。

　　C「みんないい問題だね！　解いて○○さんに答えを届けよう」

【パターンD】「ロイロ」で共有し，いつでも問題を解けるようにする。

　　C「スキマ時間に解いて全問制覇しよう」

　授業参観の時に「お家の人への挑戦状」としてクイズ問題を作成し，背面黒板に掲示しておくことも考えられます。

〈保護者のみなさまへ〉

　教室背面壁に，子どもたちが保護者の皆様に書いた「挑戦状」があります。既習事項＋aを中心に問題をつくっています。「？」や「⁉」な問題もあるかもしれませんが，ぜひ解いてやってください！

✓ 2学期をふり返る学活を

　節目節目の意識と感覚を子どもたちにもたせることは大切なことです。2学期のふり返りをして，次につながるエネルギーに変えていきます。

　子どものつぶやきから学活のアイデアが生まれることも多々あります。

　　C「寸劇とかで2学期を楽しくふり返ってみたいなぁ」

T「とてもいいアイデアだね。『2学期をふり返り，次もがんばろう！という気持ちになれるもの』として学級会の提案にしてみてはどう？」

このように教師が促すことも時には必要です。

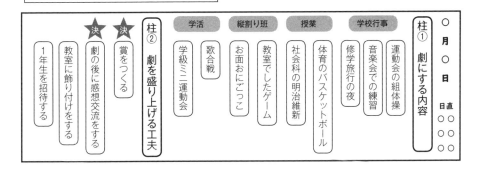

提案用紙

議題

グループ劇で2学期をふり返ろう

提案理由

　1年が終わろうとするこの時期にしっかり自分やクラスのことをふり返りたいと思いました。グループで考えて協力し，思い出をみんなで共有することで，より仲間意識がふかまり，やる気もでると思いました。

決まっていること

・12月17日（水）の5時間目にする。

・教室でする。

・グループの数は6。

柱②　劇を盛り上げる工夫
- 決　賞をつくる
- 決　劇の後に感想交流をする
- 教室に飾り付けをする
- 1年生を招待する

学活
- 学級ミニ運動会
- 歌合戦

縦割り班
- お面おにごっこ
- 教室でしたゲーム

授業
- 社会科の明治維新
- 体育のバスケットボール

学校行事
- 修学旅行の夜
- 音楽会での練習
- 運動会の組体操

柱①　劇にする内容

○月○日　○○○　○○○　○○○　日直

〈ポイント①〉

　「何のためにするのか」を大切にさせ，活動するねらいがはっきりとあらわれるような提案理由にします。

　C「協力してしっかり練習し，完成度の高い劇をめざそう」

　C「衣装や小道具づくりにもこりたいな」

C「懐かしいな。修学旅行の奈良の大仏を観ているシーンだね。全員が上を見上げながら口がポッカリあいていたよね」

〈ポイント②〉

　劇の練習のための時間を確保します。その練習時こそがよりよい人間関係づくりにおいて大切です。

C「鹿の衣装が凝っていてすごい。演技だけでなく小道具なども用意しているところがいいね」

〈ポイント③〉

　実践活動をふり返り，気づいたことや考えたことを出し合い，分かち合うことでねらいを定着させます。その際，教師からの言葉も添えます。

C「みんなが工夫した所や，クラスのいい所もたくさん見つけることができて，とても嬉しい気持ちになりました」

T「各グループ，工夫し，相談しながら劇の練習ができていました。拍手をしながらとってもいい雰囲気で観れていたのもよかったですね」

　その他，「思い出ふり返りジャンボすごろく集会」も盛り上がります。大きなすごろくをすること自体楽しいのですが，そのマス目をみんなでつくりながら2学期をふり返ることができます。

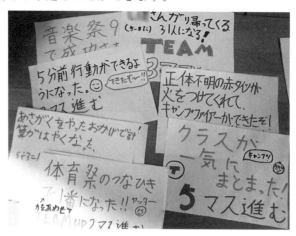

✓ 言葉のプレゼント

　子どもたち一人ひとりへの言葉のプレゼントを行います。12月にはいった時点で名簿等を一人ひとりに渡し，日頃からその子のよさやエピソードを書いておきます。「ロイロ」に保存し

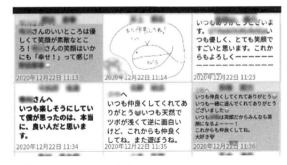

ておくと，すぐにアクセスして書きためやすくなります。

✓ 3学期へつなげる

　2学期終了前の語りを考えます。2学期を気持ちよく終え，意味ある3学期（新年）を迎えるために，終了一週間前から伝えたいことを考えておきます。次のように，忘れないように端末にメモをしておくのもよいでしょう。

☆2学期終了前の1週間（例）

12月17日（月）　全力・善力・前力

　　→学級のキーワードの再確認

　　→人のためになることをして気持ちよく

　　→自分を，クラスを，学校を前に進めよう

18日（火）　節目意識（締め意識と初め意識）：あらたまった気持ち（新年→信念）を形にする。正月はあらたまった気持ちを形にする場が多いです。来客対応，訪問等々。心は形を作り，形は心を作る。

　　→学期末清掃中です。今年の汚れは今年のうちに取る。先送りをしない。
　　　今，やる。

19日（水）　家族意識：今しかできないことがある。

→地区子ども会で冬休みの地区行事の確認あり。来年は中学生です。こういう行事に参加できるのも今年が最後。初詣など，家族との時間を，冬休みにしかできないことを大切に。

20日（木）　先読み意識：今の過ごし方

→卒業式の合唱曲決め，2学期最終児童会（3学期は2回だけ）がある。よい新年，よい3学期，よい卒業式になるかどうかは今の過ごし方できまる。学習，友人関係，掃除，家庭の仕事，当番活動など。その時だけがんばっても，メッキはすぐにはがれる。全力・善力・前力で取り組めているかチェック。

21日（金）　気づき意識：有終の美

→2学期最後のテスト，大掃除あり。これまでに培った心を発揮しきれるか。最後の詰めが大事。

25日（火）　自分から創り上げる。学級の忘年会を望年会にする。

→自分から盛り上げ，自分から周囲に気を配るから楽しくなる。誰かが盛り上げてくれるのではない。「自分から」することが大切。

26日（水）　心とかたち

→終業式，道徳あり。道徳では正月の親戚訪問にからめて礼儀作法について扱う。「感謝，伝統，自然，美」心が形を作る。形が心を作る。最終日の教室が，新年を迎えるにふさわしいかどうかを点検。

✓ 子どもの冬休み

冬休みだからできる学びが多くあります。そのような学びを端末（もしくは一冊のノート）に記録していくとよいでしょう。

T「冬休みの学びをたくさんiPadに収めてこよう。ロイロで整理をするとわかりやすいですね。冬休みは特に伝統行事が目白押し。冬休みだからできるものを記録していきましょう」

参考になるものを以下に紹介します。

■おせち料理を調べよう

　　T「おせち料理の具材には色々な意味があります。例えば「黒豆」は，黒
　　　く日焼けするほどマメに働けるように健康でいられるようにと願われて
　　　います。他にもたくさんありますよ。食べる時に調べたり，お家の人に
　　　聞いたりしてもいいですね」

　冬休み前に教師が少し話をすることで興味をもたせますが，子どもたちに
はすべて伝えません。きっかけを与えます。

　そのためにもまず教師が年末年始行事などのことを調べて知ることが大切
です。

・数の子…卵の数が多いから子孫繁栄
・えびの焼き物…ひげが長くて，こしが曲がるまで長寿祈願
・れんこん…あながたくさんあるので将来を見通せるように
・昆布巻き…「喜ぶ」のごろ合わせ　　　など。

■雑煮を調べよう

　同じ雑煮でも，地域や家庭での違いが大きいです。雑煮から見えることは
たくさんあります。食べるだけでなく，興味をもって調べるのもいいですね。

　　T「だしは？　具は？　餅の形は？　すましか味噌か？　味噌なら種類
　　　は？　父母の郷里は？　父母の子どもの頃からの伝統か？　父母の子ど
　　　もの頃と違うのならなぜか？」

　雑煮からたくさんのことが見えてきます。

■正月の伝統遊びを楽しもう

　家族や親戚とじっくりふれ合いながら楽しんでほしいものです。カルタ，
すごろく，たこあげ，羽根つき，お手玉，コマ回し。その時の様子を絵日記
に記すとよいです。

　その他，「除夜の鐘の意味」「家族旅行レポート」「年賀状のデザイン」「お
家の手伝いメニュー」「書き初め」「新年の抱負」「ふれ合い絵日記」「マラソ

ン日記」「縄跳び記録」などを端末やノートに書き記していくのもいいでしょう。冬休みが明けた時に端末やノートの内容が豊かになります。

　年賀状に少しクイズなどを入れてもいいでしょう。

　そして，何よりも大切なのは，家族や親戚の人たちとふれ合いながら，時間を共有することです。人とのふれ合いの大切さも子どもたちにしっかり伝えておきます。

　次の写真のように，冬休みの様子を端末で送るようにすると子どもたちの様子もよくわかります。

〈参考文献〉
・上條晴夫監修（2012）『ベテラン教師が教える　目的別　スグでき！学級あそびベスト100』ナツメ社
・松藤司（2014）『先生も生徒も驚く日本の「伝統・文化」再発見2　行事と祭りに託した日本人の願い』学芸みらい社

1月 ●●●

次年度への調整をはじめる

　新年を迎え，子どもたちは新たな気持ちで3学期を迎えています。新年を迎えた新たな決意＝目標を立てることが重要です。

　3学期はあっという間に過ぎていきます。3学期の見通しをもたせ，自分で立てた目標を達成させるために具体的に何をしていけばいいかを把握させます。

　1月は次年度への調整をはじめると共に，1年間の子どもたちの成長を十分に共有できる期間とします。子どもたちが自分の学級に誇りをもてるような活動を意識し，1年の最終章の第一歩を子どもと共に歩み出しましょう。

✓ 3度目の学級開き

　冬休みがあけた3度目の学級開きの意識をもちます。1，2学期はじめと同じく，丁寧に迎えます。

> ☆3学期新たな気持ちでスタートをきれるように環境，システムを整える。子どもたちの様子をよくみて「変化」等を確認する。

2017年年度

〈1日目〉1月9日（火）始業礼拝

　冬休み後の子どもの様子をチェック。1学期，2学期と過ごして慣れている。しかし，その慣れがマイナスにならないように気持ちを新たにスタートさせる。そのために環境を整理，システムをテンポよく再確認する。

●登校

・ホワイトボードメッセージ（おめでとう！）

・提出物の指示

　※通知表は後から集めます。

※道具箱と後ろの棚を整頓。後で整頓チェックします。

● 始業礼拝　8：40～9：10

● 礼拝後，話

　〈例〉「意識してほしいこと。「リーダー」になるということ。6年生からバトンタッチして，学校の舵取りをする役目を担い始める重要な学期です。忙しさの中にもこの大切な時機を逃すことなく，一人ひとりが自分自身のこの1年間の総まとめをすると共に，6年生からのバトンをしっかり受け取り，学校全体のよきリーダーとなれるようがんばってほしい。そのために「感じのいいリーダー」になる準備をしよう。感じのいい最高学年であれば，感じのいい学校になります。感じのいい学校は愛されます。感じのよさはにじみ出てくるものです。人としての安定感，そして安心感が必要です。そのために，居心地のいい学級で居続けましょう」

● 提出の仕方が正しいか

　整理整頓ができているか。

● 通知表・ぞうきん（出席番号順）　～9：30

● 連絡帳（宿題）

　※提出の時の声，動線。

　【宿題】

　　・係活動（クリエイティブで人を幸せにできるもの）

　　・追究→金曜日提出

　　・新年のMY1字を→宿題提出物はすべて名前順に出す

　【持ち物】

　　・音楽セット・絵の具セット

　【連絡】

　　・家，体，国，算，聖，集団下校

　　・通常授業・弁当開始

　　・身体計測

　　・マラソン大会練習開始

● 休憩　10：10～10：30　※長めにとって，子どもたちの様子を見る

● 当番を決める

● 掃除当番

●席替え

●配付　教科書&手紙類（最後に。記名は家で）　〜11：00

　※「どうぞ」「ありがとう」両手で。相手の方へ向けて。

　※プリント類すべてに番号をうつ。確認。

　※教科書類，プリント書けたら机の右上に揃える。

　すべて１，２学期の確認

●足跡ノート　11：00〜11：10（10分間とる）

　※日付，No,題名「新年　私の３学期」

●帰る用意・ゴミ拾い・整頓

　※一人５つ拾う。→帰る前に場を清める。→＋αの意識を伝える。

●終礼　11：15〜

●お祈り

　※担任が行う。

　「今日，久しぶりにこの５年Ｂ組教室に31人が集いました。６年生への橋渡しとなる大切な学期です。子どもたちが誇りをもち，多くの幸福感を感じられますように見守ってください。これからの５年Ｂ組の豊かな歩みをどうぞ見守ってください」

●あいさつ・下校　11：20

　※起立２秒→素早い行動を意識することで頭と心が豊かになる。人の時間を大切にでき，人を幸せにできる。

　※椅子の入れ方→入らない音をなくすことで場を清める。

　★できれば一人ひとりを観察して通信に書けるようにしておく（全体的な印象。個々のエピソード）。

THE TEAM

平成26年度　坊勢小学校
6年1組　学年通信
No.234 2015.1.8(木)

あけましておめでとうございます！

　　小学生最後の冬休みはいかがでしたか？ぜひ話、きかせてくださいね！
　　楽しかったお正月。実は、お正月の中にもたくさんの学びがありますよ！

1．「お年玉」…子どもたちが一番気にしてる？？ (渡す方も気になるところですが…)

もともとは、鏡（かがみ）びらきのあとで
子どもたちにくばられた鏡もちが「年玉」。
年神（としがみ）さまからいただくたましいが
やどっている大切なものだったんだ。

> 日本の伝統文化に
> 触れる〜お正月〜

【参考：HP「紀文お正月ランド」】
お年玉は年神様の"魂"という意の"歳魂"に由来します。
年神様からの「御魂分け（みたまわけ）」、それがお年玉です。
現在では子どもたちへの新年の贈り物と考えられていますが、かつては主人から使用人へ、
家長から家族へ贈られる正月の贈答品の総称でした。金銭から食品、雑貨まですべてを年玉
といっていました。
もともとは年神様に供えていたお餅を年少者に分け与えていたのが始まりといわれています。
【参考：HP「お正月ニッポンプロジェクト」】

2．年賀状…今年（２０１５年、平成２７年）は「未年」です。

昔（今から１０００年以上前の平安時代までルーツがさかのぼ
るともいわれています）から、年のはじめにお世話になっている
方々の家にうかがい、新年の挨拶をする習慣がありますが、留守
の方には書状を残し、遠方の方には書状を送ったりしていました。
やがて明治６年に郵便はがきが発行されると、その手軽さから
はがきで年賀状を送ることが人気となり、明治39年から元旦に
配達するシステムとなりました。

3．書き初め

年が明けて初めて、おめでたいことばや絵を墨と筆で書くこと。
書き上げた作品は、とんど焼きなどの火まつりの時に燃やすと、
書道が上手になるんだって。　【参考：HP「紀文お正月ランド」】
書き初めは、日本独特の行事
文字を芸術として捉えるのは漢字文化の世界で、今は日本と中国くらいですが、字の
上手な人は昔から尊ばれます。文字の美しさを味わえる日本文化を感じたいものです。
※とんど焼きとは…１月15日の小正月のころ、神社などでお正月かざりなどを焼く火まつ
りです。
とんどの火やけむりにのって、年神（としがみ）さまが天へ帰っていくと信じられています。

年賀状で出したクイズの答え合わせや，プレゼンでお正月ネタを紹介するのもいいでしょう。

子どもたちも色々と調べてきています。端末を見せ合いながら紹介し合ったり，ミラーリングで前面に映して紹介したりするなどの時間をとります。

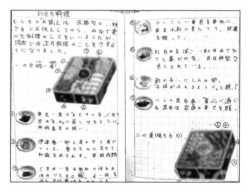

✓ 教室掲示 ▶

教室環境を新しくして迎えます。

1月，2月，3月のカレンダーにカウントダウンを書き込んだものを掲示したり，松飾りや書き初めなど新年のものを掲示したりします。

この少しの環境の変化に気づいた子を賞賛します。細かい「変化」に気づける「眼」がこれからの仲間の成長を見つけられる「眼」にもなります。

また，掲示物から3学期に関わる話を広げることができます。

✓ 立志 ┌▶

　子どもたちが新年にもつ抱負を漢字1字に表します。選んだ字にその子の意気込みや個性が見えます。

　節目節目で自分の今を表す文字を決めさせるのもよいです。

　書き初めとして書いた字を掲示するのもよいでしょう。

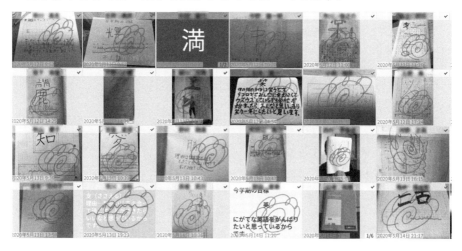

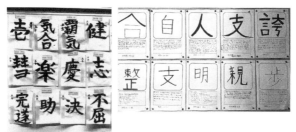

　一つひとつの字にその子らしさが現れ，その子の姿が目に浮かびます。その字を選んだ意味を大切にさせます。

✓ 感謝と感動を軸にした「6年生を送る会」

　6年生を送る会の準備を計画的に進めます。ここでは,「6年生を送る会」のポイントを紹介します。

■何のための送る会なのか?

　「6年生を送る会」の目的です。キーワードとしては「感謝」「祝福」「思い出」などが挙げられます。また,裏の目的として,「学年の団結」もあります。学年や学級で一つになって6年生へ思いを届ける絶好の機会です。

　例えば,以下は5年生の子どもたちへの実際の語りです。

T「6年生にしてもらったことや,さすが6年生!　と思えることはどんなことですか?」
C「いつも私たちの知らない所で学校のために活動してくれていました」
C「運動会の組体操や音楽会の演奏は忘れられません!」
T「6年生の存在は大きいですよね。今度の6年生を送る会,どんな会にしたいですか?」
C「6年生にとって最後の集会なので,今までがんばってくれた6年生に感謝の気持ちを伝える会にしたいです」
T「そうですね。まず『何のために』この6年生を送る会をするのかをもつことが大切です。それだけではなく,あなたたちにとってもただの集会ではありません。なぜでしょう?」
C「僕たち5年生が,全校生の先頭に立ってはじめてする活動だからです」
C「自分たちが責任をもって学校の代表となる活動だからです」
T「6年生への大きなステップになると思います。ここで企画を成功させて,素敵な6年生になりたいですね!　人のために本気になれることはとてもすばらしいことです」

■何をどのように伝えるか

　「何のため」が共有できると,「何をどのように」伝えるかが明確になってきます。自分たちの「よさ」や「やりたい!」という気持ちを大切にさせます。

　例えば3年生でしたら「元気さ」かもしれません。その学年のカラーにもよりますが,学年の特徴を踏まえながらそのよさが全面に表れるように考えます。

　具体的な内容は,子どもたちと相談しながら決めていきます。

■実践紹介

> 寸劇リレーでたくさんの「すごい！」「おめでとう！」「ありがとう！」を伝えよう

〈手順〉

①６人程度のグループを組む（学年の人数と出し物実施時間により調整）。

②どの場面を使って伝えるのか出し合い，グループ数に応じて決定する。

③寸劇の順番を考える。

④各グループでその場面を表す寸劇を考え練習する。

　※各グループの内容を見合ってアドバイスの声や賞賛の声をかけ合うことで一体感も生まれる。

〈実際のやり方〉

①各グループで列に並ぶ。

②代表（実行委員等）が，はじめのあいさつをする。

　〈例〉「６年生のみなさん，ご卒業おめでとうございます！　私たち３年生は，全身全霊をこめて，『おめでとう』と『ありがとう』の気持ちを届けます！……」

③寸劇開始

④代表（実行委員等）が，おわりのあいさつをし，全員で感謝の気持ちを伝える。

　〈例〉「６年生のみなさん，私たちはみなさんのことが大好きです！　○○小学校を支えてくださり，ありがとうございました！」

〈寸劇の具体例〉※３年生を想定。

　運動会での姿，音楽会での姿，異年齢集団活動での姿，登下校での姿，休み時間の姿，授業の中の姿，掃除の姿，委員会での姿等を想定して寸劇を考えます。すべて３年生と６年生の「対比」で表現させます。

※服に「３年生」「６年生」という表示を貼って劇をする。

【登下校のシーン】

　登下校中の様子。３年生役が転ぶ。大げさに転げ回って痛がる。６年生役が寄ってくる。「大丈夫か？」と優しく声をかけてくる。「ぼくに任せろ」と堂々と３年生役の子を抱えて立ち去る。

→「いつも優しさをありがとうございました！」

　※３年生役を小さい子に，６年生役を大きい子が務める。

【運動会の姿】

　３年生役がブリッジをするがピクピクとして完成できない（コミカルに表現）。６年生役がおおげさにかっこいい組体操を完成させる（ピラミッドなど）。

→「しびれるかっこいい姿をありがとうございました！」

【音楽会】

　３年生役がリコーダーをピロピロとふく（コミカルな吹き方で変な曲をふく）。６年生役がいろんな楽器をもって登場。キメキメの演奏法で演奏真似をする。

※ CD でバックに音楽を流して合わせているだけ。

→「たくさんの感動をありがとうございました！」

【授業の姿　英語編】

　３年生役がたどたどしい英語を言う。６年生役がめちゃくちゃうまい英語をしゃべる（英語が得意な子にこの役を任せる）。

→「いつも知的な姿をありがとうございました！」

【水泳の時間】

　３年生役がビート板をもってバシャバシャとコミカルに泳ぐ。６年生役が音楽とともにブルーシートから登場。シンクロを踊る。

※ブルーシートを使用。

→「６年生のみなさんの姿に惚れました！」

【給食の場面】

　３年生役が好き嫌いをする。「にんじんきら〜い」「ピーマンきら〜い」。

「ぼくが食べてあげよう！」6年生役もりもり食べる。ムキムキポーズ！
→「たくましい姿をありがとうございました！」

〈実践のおすすめポイント〉
・グループで考え練習することができるので，各グループの子どもたちのつながりが生まれます。
・子どもたちが主体的に創造的に考え，それぞれのグループの個性が生きます。
・各グループ30秒程度の寸劇なので，焦点を当て，短時間で完成することができます。
・微笑ましい「笑い」が期待されます。

■**感動を演出する工夫**

　「6年生を送る会」は，全校生が一堂に会して6年生に感謝の気持を伝えることができる最後の機会です。感動的な会にするためにプログラムの内容や会場づくりなどでの工夫も必要です。

　例えば，照明の演出の工夫です。多くの学校は体育館で行われるでしょう。体育館のカーテンを閉めて上照明を消し，左右の足元から簡易ライトで照らすと，抜群の雰囲気になり，6年生の気持ちも高まります。ライトに照らされた6年生の笑顔や凛々しい顔を見ることができます。

〈参考文献〉
・『小三教育技術2018年1月号』（2018）小学館

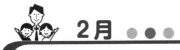

2月 ●●●

学級の豊かさを実感させる

　1年のゴールが見えてきた2月。2月は荒れやすいと言われます。その原因の一つとして「教師が必要以上に子どもたちに求めすぎている」こともあるのではないでしょうか。子どもたちのありのままを受け入れ，少しの成長を共に喜び合える時間を過ごしましょう。

✓ カウントダウンポスター

　「終わり意識」をもたせ，1日1日を意味あるものにするためにカウントダウンポスターを全員でつくります。

〈やり方〉

①担当の日を決めてそれぞれが作成する。
　（終業式や卒業式から逆算して担当日を決めます）

　右の図のように，みんなへの一言に加えて，1年間をふり返っての思い出クイズを出題します。授業のこと，行事のこと，先生のこと，友だちのこと，様々なクイズが考えられます。

> 2月5日（木）
> 卒業まであと
> # 31 日
> 今日は「プロ〇〇の日」だよ！
>
> 　卒業まであと31日！　寒い毎日だけどみんな風邪をひかずに元気に会えるようにしよう！
>
> 　さて，問題です！　涼しくなった10月，みんなで大流行して燃えた遊びは何でしょう！

〈例〉

・いつも配布物を一番に配ってくれていた人は誰でしょう？
・音楽会の時に，クラスのみんなで話し合ってできたスローガンは何でしょう？
・先生がいつも社会科の時間に言っていたセリフは何でしょう？

などです。

　朝の会で答えを発表し，その時の具体的エピソードも話すようにします。

　C「体育の授業をきっかけにして，大縄が大流行しました。目標の300回を跳べた時は，とても嬉しかったです」

ただの飾りにするのではなく，クイズにすることで一つひとつのエピソードをみんなで共有することができます。

　6年生の卒業式当日は，全員の寄せ書きにするのもよいですね。

✓ 感謝を綴る ┏━▶

　1年間の個人や学級の成長，お互いの感謝の気持ちを目に見える形で表したい。「感謝できるかどうか」は学級の力のバロメータでもあります。

■成長と感謝のタワー
〈やり方〉

①4，5人のグループをつくる。

②八つ切り画用紙を4分の1にしたものに1年間をふり返って自分やクラスが成長できたこと，感謝のメッセージなどを5分間で書けるだけ書く。

③一人ひとりが書いた物をグループで発表し，感想や質問を言い合いながら交流する。

④交流が終われば，そのカードを使ってタワーをつくる。のりやテープは使わずに折ることのみOKにする。どんな形にするか，グループで相談しながらつくるとよい。できるだけ書いた文字が見えるように積み上げ，これらの言葉を大切に過ごしていこうという気持ちをもたせる。

⑤積み上げた後は，模造紙に貼るなどして掲示する。自分たちの成長や伸び，よさや感謝の気持ちが可視化され，全員で共有できる。

　また，プラスの言葉が常に目につくので，気持ちもプラスになる。1年間をふり返ると共に希望をもって次学年へと進級できるような気持ちにしたい。

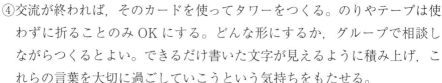

■コアクオリティの紙皿ワーク

　村井尚子氏（2019）が提案している「紙皿のワーク」を紹介します。「コアクオリティ」とは，その人が持ってる特性や長所。強みのことです。それを共有できるワークです。

〈準備物〉

・18cmの紙皿（ドンキホーテで30枚150円程度で購入できます）

・ネームペン

・色鉛筆

〈やり方〉

①中央に自分の名前とマークを書く。

②紙皿をグループ内で回す。

③回ってきた紙皿にその子のコアクオリティを書く。

④書けたらどんどん回す。

⑤自分の紙皿を受け取る。

最初に自分自身が考える自分のコアクオリティをノートやロイロのカードに書いておきます。自分が書いたコアクオリティと友だちが書いてくれた紙皿のコアクオリティと比べます。きっと同じものもあり，違うものもあります。

　つまりこのワークを通して，「自分が知っている自分のよさ」「自分が気づいていない自分のよさ」を確認できます。実際にワークを行った子どもたちによると，自分のコアクオリティは書きにくいけど，人のコアクオリティは書きやすいようです。3学期のこの時期だからこそ本質的に書けることを子どもたちも実感します。あたたかい空気が流れる実践です。

コアクオリティ
思いやり
（思ったこと）
私が思っていたもの以上にまわり
人は見てくれていたと思うと，
すごく心があたたまりました。
このお皿は記念になると思いま
した。弟がかわいそうなので，
やってあげようかと思いました
（そしたらかわいそうじゃなくなるもん）
リボンむすんで部屋の前のドアに
かけようかと。

✓ 自主性と主体性

　「主体的・対話的で深い学び」が打ち出されてから，「主体的」という言葉をよく見かけるようになりました。似たような言葉で「自主的」があります。

　「自主性」と「主体性」の大きな違いは，自分自身の頭と心で考え判断し，自分の足で行動するかどうかということだと考えます。つまり，主体的に動いている子の方がより考えて行動していると言えます。

　例えば，係活動で「クラスの子を楽しませよう！」という目的がある子は，その目的のために様々なことを考えアイデアを出し，実行できる子です。

　さてこの時期，その主体性が子どもたちに備わっているでしょうか。子どもの育ちが顕著に現れる時です。特に学級活動の時間はその育ちがよくみえます。今一度しっかりと確認し，さらに主体性のある子どもに育て，次学年へと進ませたいものです。

〈チェック①〉

・学級活動の話し合いができているかどうか

　「できているか」というのは，自分たちで話し合い，ああだこうだと言い合いながら，最終的に集団決定ができているかどうかということです。

　学級の実態にもよりますが，3学期はできるだけ教師が介入することも少ない方がよいです。ぎこちなくても，「自分たちでやろう！」という気持ちをもって話し合えているかどうかが大切です。逆に言えば，教師はいかに子どもたちを信じて任せることができているかどうかということです。

〈チェック②〉

・教師は子どもを信じて待てているか

　待てなければ子どもは本当の意味で育ちません。必要なことは教え後は待つことで，子どもが自ら気づき学び取れるようにする。それが主体的な力となります。

　「育っている」ということは，学級や担任，学級の友だちが変わっても，自分の力を十分に発揮できるということです。3学期は次学年への橋渡しでもあります。2月はその準備期間です。

✓ 最後の授業参観 ▶

　2月末には最後の授業参観が行われることが多いです。最後の授業参観のテーマを「保護者への感謝」にした実践を，簡単に紹介していきます。

■感謝と成長の会

〈内容〉

　体育館で自分たちの成長をスクリーンに映してふり返りながら，子どもたちが言葉をかけていく。最後には感謝の手紙を保護者に渡し，あらかじめ保護者に書いていただいていた手紙を子どもたちに渡す。

　自分たちの成長を観てもらい，さらに感謝の気持を伝え，大きな感動に包

まれる会となるようにする。

〈参観事前準備〉
①MY ノートに自分が成長したこと，その場面を詳しく書く。
　ノートの真ん中に「自分」と書き，そこからイメージマップのように広げていく。
②全員で，自分たちが成長したと思える場面を出す。
③出た場面の中で，どこで自分は自分の成長を発表するか決める。
④グループを編成する。
〈例〉縦割り班，修学旅行，校内キャンプ，運動会，総合，授業，音楽会，陸上水泳大会，など。
⑤グループで発表方法を相談。（呼びかけ風，実演，劇，など……）
　※本気の声で発表することで感動的になります。
⑥1グループ5分で静止画スライドショーを音楽入りで編集。

〈参観当日〉
　※体育館を使用し，大きなスクリーンに映し出すことが望ましい。
①グループがそれぞれが発表する。
②最後に全員で並んで礼。「12年間ありがとうございました‼」
③保護者に手紙を手渡しにいく。
④実は……保護者からも手紙を預かっていることを伝えて子どもたちに手渡す。
⑥保護者からの手紙を読んでひたる。

　子どもたちが本気で伝えようとすれば，感動的な場面となります。

　時間があるようであれば，最後のお礼の前に全員で歌を歌うなどしてもいいかもしれません。

　過去の実践では，子どもたちの多くが涙を流していました。「小学校最後の授業参観」という意識で取り組み，本気の姿を伝えたいという気持ちやりきった後の，保護者からの言葉が心に染み渡ったようです。

　子どもたちと保護者の想いがいっぱいあふれる感動的な授業になってほしいと願います。

〈参考文献〉

・甲斐崎博史（2013）『クラス全員がひとつになる学級ゲーム＆アクティビティ100』ナツメ社
・『授業づくりネットワークNo.31　リフレクション大全』（2019）学事出版，pp.34～41，特別
　寄稿「強みを生かして育ちあうリフレクション～紙皿のワーク～」村井尚子

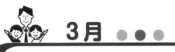

3月 • • •

感謝の気持ちと次へつなげる意識をもつ

　3月は次学年へと学級を受け渡すイメージが必要です。学級独自のシステムがあればゆるやかに一般的に戻していき，他の学級と明らかに違うシステムがあれば子どもと相談しながらリセットしていきます。

　逆に，引き続きもち続けてほしいその子たちの「よさ」や「文化」は大いに認め，励まし，価値づけます。

　この時期は学年の終わりの月であると共に新学年へ向けての始まりの月であるということを，まず教師が意識しておくことが大切です。

✓ 言葉を綴る

　3月におすすめのアクティビティは，「名言カレンダー」です。これから自分が大切にしていきたい想いを言葉にし，学級全員で共有することで，今後の展望に夢をもって取り組めるようにします。

〈準備物〉
・八つ切り画用紙8等分を一人につき学級人数分

〈作り方〉
①自分の名言を前もって考え，最終的に日めくりカレンダーになることを伝える。
②8等分された画用紙に自分が考えた名言をクラスの人数分書く。上には日付の数字を書く
　※教師も書く・一人2枚書く・同じ日付を2枚にするなどして，人数と枚数の調整をする。
③一人ひとり全員分のカードを受け取り，順番に束ねて穴を開ける。リングを通して日めくりカレンダーを完成させる。

　これをデジタル化して「ロイロ」に保存しておけば，いつでも端末で見る

こともできますし，プリントアウトする
こともできます。

　ちなみに私は，教卓の横にこうやって
子どもと創ったカレンダーを置き，毎日
子どもたちの言葉から勇気をもらってい
ます。

　参考までに，ある年の子どもたちがつ
くったカレンダーの文言を紹介します。その子の顔が思い浮かんで，微笑ん
でしまいます。

1　私たちは雨のように団結して水たまりになる
2　一度やったことはもうやりなおせない
3　最高の幸せとは今尚生きる事である。
4　向かい風は自分を強くする最高のチャンス
5　時は金なり　　　　　　　　　6　友情とは，自分自身の一番の宝
7　努力は裏切らない　　　　　　8　LIKE じゃなくて LOVE でしょ⁉
9　夢を追いかけろ　　　　　　　10　私たちの絆はどこまでも広がっていく
11　笑顔であいさつ いい気持ち　　12　人間だれでも好きな人はできるんや
13　何事も全力で努力！！　　　　14　人が喜んでいる顔を見て幸せと思え
15　がんばればがんばるほど成功が見える
16　努力して夢に近づけ　　　　　17　自分を信じて夢をつかめ！！
18　過去を責めるな未来を投げるな
19　みんな幸せをつかむために生きている
20　みんな同じ空の下，みんな近くにイルヨ
21　何事もチャレンジ　　　　　　22　としがとっても私たちの絆はず〜っとかわらない
23　努力は才能を開花させる　　　24　夢があれば道はひらく
25　1人ではできない
　　だがみんながいるから成功できる！
26　あきらめるとそこで終わりだ
27　失敗しても成功あり！
28　心大きく眼は広く
29　花よりも花を咲かせる土になれ
30　笑う門には福来る
31　人に優しく自分に厳しく

✓ 思い出の教室写真

　教室の中の様々なものをみんなで分けてもち
帰ります。A1サイズのクラス写真や学級目標
など，子どもたちはそれぞれ「思い出」をもち
帰ります。教室が，ほぼ何もない4月と同じ状
態になります。環境の変化は，1年の終わりを
感じさせます。

　1人1台端末があれば，教室の思い思いの場
所を撮ることも考えられます。この1年間で築いてきた「文化」の跡を端末
に残します。

✓ 感謝を軸にした学活

　1年間の最後にパーティー系の学活でよき思い出を残します。実行委員を
中心に最後の会を綿密に企画していきます。そこで表したいテーマは「感
謝」です。1年間過ごしてきた仲間達に感謝の気持ちを表せる会になるかど
うかがポイントです。

　「感謝」にあふれた会は人を笑顔にし，
幸せな気持ちにさせてくれます。この時期，
そのような気持ちをもった子どもたちは，
様々な面でも感謝の気持ちを表そうとしま
す。

✓ 贈る言葉

　子どもたちとの別れを美しいものにしたいです。子どもたちの名前を大切
にし，言葉を伝えます。一人ひとりの漢字の名前の由来や語源，名言などを
探し，一人ひとりにプレゼントします。学級通信として渡す，「ロイロ」の
カードで贈る，色紙に書いて贈るなど，様々な方法が考えられます。

〈例〉

学級通信で一人ひとりに贈る

██████ さん
大きく輝くと書いて，「大輝」。
夜空に輝く星のように，
だれがみてもあなただと分かるように，
まぶしく輝き続ける存在でいてください。
そして，人を照らし，
輝かせる存在でいてください。

「ロイロ」で贈る

色紙に書いて贈る

✓ 卒業式をつくる

右の写真は卒業する子どものノートです。卒業に限らず，自分の成長と1年の感謝を表す時間をつくることも大切です。

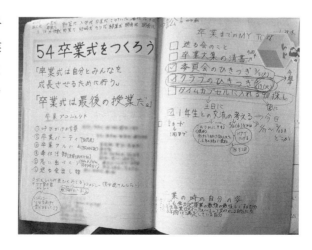

✓ 卒業生へ

■贈る CD・DVD

音楽会で使用した曲や教室でよく聴いていた曲，子どもたちに贈りたい曲などを入れたCDをプレゼントします。

また，端末に1年間撮りためてきた写真や動画があれば，スライドショーや動画集にしたものをDVDとしてプレゼントしてもよいでしょう。思い出が明日へのエネルギーになり，担任からのメッセージにもなります。

卒業式当日，登校してきた子どもたちが観れるように教室でスライドショーを流しておくなどの演出も効果的です。

ムービーはiMovieなど，動画編集ソフトを使えばつくることができます。データを子どもたちの端末に送ることも考えられます。

思い出のムービーは，最後の学級懇談の時にも流すと効果的です。

■贈る手紙

卒業式前日に，卒業式への想いもこめて通知表と共に渡します。その子だけに通じるエピソードを盛り込み，その子だけのために1枚1枚書きます。具体的に書けるように普段から，その子のエピソードを集めておきます。

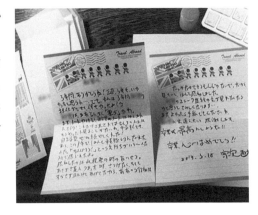

■贈る黒板メッセージ

　子どもたちに伝わるＩメッセージを届けます。子どもたちへ贈る教室最後のメッセージです。

○月○日　日直　○○○　○○○○

6年1組　親愛なるあなたたちへ

卒業、心よりおめでとう！

毎朝書いた黒板のメッセージ。こうやって書くのも今日で最後です。

昨日、家で1年間の写真や動画を観ていました。あなたたちの輝く姿がそこにはたくさんありました。感動しました。今までのことはすべて「うそ」ではなかったことの証明です。

あなたたちとこの教室ではじめて出会った時のこと、今でもはっきりと覚えています。それから毎日笑ったり、泣いたり、怒ったり、喜んだり…。正直、寝ても覚めてもあなたたちのことを考えていました。

学級目標「全力！絆！感謝の心！」を胸に、この教室で学んだこと、素敵な仲間たちを一生大切にしてください。そして、自分の「人間力」を高めていってください。えらくなくてもいい。人としてあたたかみのある人になってください。わたしもみんなに負けないようにがんばります。

○さん、○○さん、○○さん、、、、、、、、

あなたたちと出逢えて本当によかった！

そして最後に、どうか、めいっぱい「幸せ」になってください。

心よりありがとう。

6年1組担任　○○○○

■贈る言葉

　全員に贈る言葉を考えます。以下は，私がはじめて卒業させた子どもたちへ贈った言葉です。

〈卒業するあなたたちへ〉

　いよいよ別れの日が来ました。この教室。この時。この仲間。

　伝え残したことがあるかもしれません。やり残したことがあるかもしれません。

　でももう別れの時です。

　この１年間の思い出を語れば，いくら時間があっても足りないことでしょう。実に色々なことがありました。泣いたこと，怒ったこと，笑ったこと……。

　そんなたくさんの思い出が詰まったこの６年３組，みなさんとお別れするのは本当にさみしいことです。しかし，「別れがあるから人の世は美しく，出逢いがあるからこそ人の世はすばらしい」。別れを，あなたたちの旅立ちを，胸を張って祝福します。

　卒業，おめでとう！

〈一つになろう！　６年３組〉

・何でも全力，熱くなれるクラス
・仲間のために動けるクラス
・感謝の気持ちを大切にできるクラス

　この３つの目標をよりどころにみんなでがんばってきました。

　「情熱」「仲間」「感謝」です。

「情熱」

　この1年間，熱くなれました。運動会，音楽会，学級活動，陸上，ドッジボール大会，ソーラン節。一つひとつのことすべてに本気で取り組みました。その熱い気持ちをこれからも大切にしてほしい。何かに熱く，一生懸命になれることはかっこいいことです。

　これから先，いろんなことがありますが，自分が熱中できるもの，情熱を注ぎ込めるものを見つけてください。そうすれば，あなたの見える世界が明るく，色鮮やかな世界になってきます。それが自分の「夢」にもつながってきます。情熱は生きることのエネルギーです。

「仲間」

　みんなが学んだことは仲間と協力すること。その仲間との関わりの中でたくさんのことを学びました。人は一人では生きていけません。だから，仲間をつくってください。悩みを聞いてくれる仲間をつくってください。怒ってくれる仲間をつくってください。同じ目標に向かえる仲間をつくってください。泣いてくれる仲間をつくってください。一緒に笑える仲間をつくってください。そして，そんな仲間を大切にしてください。

「感謝」

　この6年間，いや，今まで生きてきた12年間の中でたくさんの人があなたに関わってくれました。自分に関わってくれたすべての人に感謝してください。いま，あなたがここで生きている，ということに感謝してほしい。そしてこれから，今まで以上の人との関わりが増え，いろんなことがあることでしょう。小さなこと，大きなこと，どんなことでもいいから感謝の気持ちを大切にできる人であり続けてください。

　人と人とのつながりのことを「絆」といいます。

　人は目に見えない糸，心の糸でつながっています。触ることはできませんが，どんなに遠くても，いつまでたってもつながっています。つまり，信用できる気持ち，大切に思う気持ち，「信頼関係」のことです。一緒に勉強したり，真剣に行事に取り組んだり，時にはけんかしたり遊んだり，こうやって少しずつ，心の糸は太くなっていきます。毎日少しずつ少しずつ，糸を太くしていくしかありません。私もそうやって，心の糸を太くしてきました。その心の糸を漢字で書くと「絆」になります。そう，糸は半分ずつなのです。自分から半分，相手から半分。ちょうどまん中で結ぶのです。自分の糸で相手を縛ってはいけないし，相手に縛られてもいけません。お互いがお互いを助け合い，協力できた時，「絆」が生まれるのです。

　最初はみんなで「協力する」ということもどうしていいのか分からない状態。でも，最後には「協力する」ことが自然にできるようになって，「協力する」ことが当たり前のようになりました。そうやって時間をかけて，あなたたちはひとつになれました。しっかりつながることができました。そのつながりをいつまでも大切にしてください。

　そしてこれからも，人とのつながり，「絆」を大切にできる人でいてください。

これから先，楽しいことばかりではなく，しんどいこと，つらいこともたくさんあると思います。負けないでください。負けない人であり続けてください。

　くじけそうになった時，仲間の声，仲間からもらったメッセージを思い出してください。みんなで一生懸命になれたことを思い出してください。がんばってください。

　あなたたちは最高でした。最高の優しさ，最高の素直さ，最高のひたむきさをもった人たちでした。最高の仲間たち，最高の学級でした。

　何年か後，何十年か後に，成長したあなたたちと会うことを私の「夢」にしておきます。
　愛する６年３組，愛するあなたたちのことは一生忘れません。
　最高の１年間を，ありがとう。
　あなたたちに出逢えて，本当によかった。

平成19年　３月22日　６年３組担任　宗實直樹

　次の写真は，準備をしてくれた５年生へ。卒業生から贈る忘れてはいけない感謝の言葉です。

✓ 記憶よりも記録

　3月はふり返り返る時です。成果と課題を明らかにして記録しておくことは，自分自身の財産になります。ふり返る観点としては，例えば以下のようなものが考えられます。

- ・学級経営計画　　・学習指導　　・生活指導　　・集団づくり
- ・個の理解　　　　・教室環境　　・家庭連携　　・学級事務
- ・校務分掌

などです。その他，この1年間の子どものノートや学級通信，写真や映像等も保存しておきます。自分自身の教育財産になります（破損して消えてしまったデータが私には多々あります。外付けハードディスクなどに小まめにバオックアップをとっておくことをおすすめします）。

　「経験は意図的に積み，それに整理をくわえなければ実力にはならない」という野口芳宏（2010）の言葉があります。実践は「記憶よりも記録」です。

✓ 学級経営のリフレクション

　私はどちらかというと「集団」を強く意識し，「集団」に重きをおいて学級づくりをしてきました。「仲間」「団結」「絆」という言葉が常に先頭に並ぶという感じです。子どもたちをガッツリつなげることに全精力を注ぎ込む。そんなイメージでしょうか。もちろん今でも「TEAMづくり」は現在の自分自身のテーマの一つでもあります。ただ，当時は教師である私が子どもを引っ張りすぎていたのではないかという反省が残るのです。その結果，子どもたちの間に異様な濃密感をつくり出していたのではないかということです。集団の関係が濃密になりすぎると「違い」が許されなくなることがあります。抑圧感を感じ，息苦しくなる子が出てきます。本当は同じようにやりたくない。でもやらざるを得ない状況がある。正直，私の経験上，そう感じていただろうという子の顔が浮かび上がります。

　「きっとあの子はしんどい思いをしていたのだろうな……」
　「我慢して付き合ってくれていたのだろうな……」と。

緩やかにしかつながれない子も存在するわけです。目標に向かって進んでいくうちに自然と団結していた。そのような形が望ましいのかもしれません。緩やかに徐々に広がるイメージをもつことは，学級経営を豊かにするために必要なイメージだと感じています。

　学級という集団の中では，子どもたち同士が全く関わらずに生活するということはまずありません。当然気の合う子もいれば，合わない子，仲良くなれない子もいます。我々大人も同じです。だからといって気の合わない子を攻撃したり無視したりすればいいということではありません。「みんな仲良く」ができない子もいます。だからこそ「仲良くなれない人との付き合い方」を教えることも大切なのではないのでしょうか。それは，これからの社会を生きていく子どもたちにとって，より現実的なことではないでしょうか。

　経験年数が少ない頃の私は，感覚的に「うまくいっている」と感じることの方が多かったように思います。年数を重ねるにつれ，「うまくいっている」と感じることは少なくなりました。以前は「集団」の動きや状態ばかりに目がいき，「個」が見えていませんでした。だからこそうまくいっていると錯覚をしていたのです。「個」が育てば「集団」が育つ。逆も然り。「集団」が育つことで「個」が育ちます。実際，「集団」が育つことで「個」が生き生きする場面もよく見てきましたから，決して「個」だけを見るべきだと主張しているのではありません。「集団」に傾倒し，強制力を働かせすぎていたがために見えていなかった「個」が多すぎた。そのことへの反省なのです。

　なぜこのような話をしたのかというと，自分自身の学級経営のあり方を大きくリフレクションする必要があるからです。

　授業改善のための授業リフレクションはよくしてきました。研究授業をすれば他者からの批判や評価を受け，ふり返ることができます。しかし，学級経営においてはどうでしょうか。他者からの批判や評価を受ける機会は少ないのではないでしょうか。失敗を自分で反省することはあっても，改善のために自らの実践の内容や方法，目的や成果などを様々な観点からふり返ることは少なかったと感じています。だからこそ自分自身で意図的にリフレクシ

ョンする必要があると思うのです。そうしなければ勘と経験だけで乗り越えようとしてしまいます。その勘と経験だけである程度乗り越えることができてしまうのもこの職種の怖い所です。「うまくいっている」という錯覚から抜け出すことができません。

　人は，特に何かがあった時にふり返ります。しかし，そうでない時にこそふり返るべきです。1年前の自分はどうだったのか。5年前の自分はどうだったのか……。日常的なリフレクションだけではなく，長いスパンでのリフレクションも必要だと感じています。

　私の場合はまずとにかく記録をとるようにしています。具体的な行動，感じたことやその時に考えていたこと等を素直に書き記していきます。これだけではただのメモなので，ある一定の期間で整理し，共通項を取り出したり項目で分けたりします。「うまくいったこと」「いかなかったこと」に分け，「なぜうまくいったのか？」「なぜうまくいかなかったのか？」という思考をくぐらせます。常に「ＷＨＹ思考」を心がけます。

　また，年をまたいでの思考の変化も見ます。例えば2014年度の4月は「子どもとの関係性を高めるための方策」について考えている。2015年度の4月は「子供同士のかかわり合いの質を高める」ことについて考えている。「この1年間での変化は何なのだろうか？」「なぜ変化したのか？」を考えることで，次への方向性や原理原則が見えてくることがあります。それが自分なりの学級経営の「あり方」となるのです。

　リフレクションの方法は人それぞれです。自分自身に合うリフレクションの方法を模索することが重要です。常に自分自身を問い直し，反省的実践家であり続けたいものです。

〈参考文献〉
・上條晴夫（2014）『スペシャリスト直伝！学びのしかけで学力アップ！学習ゲームの極意』明治図書
・野口芳宏（2010）『利他の教育実践哲学』小学館

Column

「あなたへの」 ことばのプレゼント

　はじめて卒業させた子達の成人式がありました。その時に「タイムカプセルを開けよう」と約束していたので，小学校へ向かいました。懐かしい話をしながら貴重な時間を過ごすことができました。

　当時，卒業式の日に，一人ひとり宛に手紙を書き，その子に合うと思う漢字をプレゼントしていました。ある子が，その時に渡したそのものをもってきてくれていました。その子は穏やかで，温かく，誰よりも友だちになった子を大切にする人でした。明確な夢を持ち，目標に向けて努力を続けていました。

　その子は，「先生からもらったこの言葉が嬉しくて，ずっともっていました」と言ってくれました。僕も，どんな言葉をプレゼントしたのか，覚えています。きっと当時と変わらぬ「友」を大切にする心を持ち続けてくれていることでしょう。

あとがき

　本書を執筆するにあたり，次頁参考文献【あとがき】の資料を読み返しました。教育における「不易」の部分を忘れてはいけないと感じたからです。

　1人1台端末環境が実現し，やり方は大きく変わってきています。しかし，教育の本質である，子どもの力を伸ばすこと，子どもを幸せにすることは変わりません。その本質だけは忘れないようにしたいと強く思います。

　今の私の学級経営スタイルは非常にシンプルになっていますが，20代の頃はとにかく色々とやっていました。多くを経験し，多くの失敗をしてきました。しかし，当時，それを温かく支えてくださる環境がありました。今となれば感謝することばかりです。

　当時と環境は違うかもしれませんが，若手の方々は，ぜひ色々とチャレンジして実践してみてください。実践して火傷することもあります。私は大火傷を何度もくり返してきました（もちろん今もです）。ただ，「やらなければわからないこと」「やらなければ得られないこと」が多々あることも事実です。「まずはやってみる」。そこからがスタートだと感じています。

　1人1台端末が実現し，可能性は無限大に広がっていきます。ぜひ子どもたちと共に新しいことを創造しながら，毎日を豊かな気持ちで過ごしてください。私もそうしたいと思います。

　最後になりましたが，本書をまとめることを勧めてくださった明治図書出版の及川誠様，ありがとうございました。いつもながらの温かい励ましには感謝しかありません。また，毎回丁寧に，正確に校正を行ってくださった杉浦佐和子様，ありがとうございました。

　本書を執筆するにあたり，過去のデータやノートを引っ張り出してきました。懐かしい子どもたちに再会できたことも嬉しかったです。

　出会ってきた子どもたち一人ひとりに感謝の気持ちをもちつつ，筆を置きたいと思います。

　最後までお読みいただき，ありがとうございました。

宗實　直樹

〈参考文献〉

【おわりに】

鈴木　道太（1951）『生活する教室　北方の教師の記録』東洋書館

小西健二郎（1955）『学級革命』牧書店

東井　義雄（1957）『村を育てる学力』明治図書

宮崎　典男（1957）『人間づくりの学級記録　あたりまえでのっぴきならない道』麦書房

須田　清（1958）『教師　その人間のなかみと仕事のなかみの記録』麦書房

阿部　進（1958）『教師の条件 人間づくりの道』明治図書

高津　勉（1961）『黒潮のはてに子らありて』鏡浦書店

赤坂　里子（1967）『島小で芽をふく子ども　六年間・持ち上がりの記録』明治図書

中山智子・重松鷹泰（1969）『赤とんぼ学級の成長記録』黎明書房

徳永康起編（1970）『教え子みな吾が師なり』浪速社

川口二三子（1974）『六年生の学級経営』国土社

向山　洋一（1979）『斎藤喜博を追って　向山教室の授業実践記』昌平社

笠原紀久恵（1981）『友がいてぼくがある』一光社

船戸　咲子（1983）『子どもの海』一ツ橋書房

【全体】

有田　和正（2009）『教え上手』サンマーク出版

野口　芳宏（1985）『学級づくりに生かす朝の会・帰りの会 低学年』明治図書

茂山　忠茂（1986）『学級づくりに生かす朝の会・帰りの会 中学年』明治図書

橋本　定男（1987）『学級づくりに生かす朝の会・帰りの会 高学年』明治図書

橋本　定男（1988）『子供を育てる学級づくりの法則』明治図書

吉本　均（1987）『授業の原則 「呼応のドラマ」をつくる』明治図書

杉山正一 編著（1966）『話し合い活動の原則』明治図書

福岡教育大学附属小倉小学校（1973）『ひとりひとりが生きる特別活動の展開』明治図書

豊田久亀他（1981）『学級づくりと全員参加の授業　小学校高学年』明治図書

家本　芳郎（1983）『学級つくりの出発』あゆみ出版

奈良女高師附属小学校学習研究会（1949）『たしかな教育の方法』秀英出版

長岡　文雄（1983）『〈この子〉の拓く学習法』黎明書房

滋賀県八日市市小学校（1956）『現場の児童研究』海青社

重松　鷹泰（1994）『個性の見方・育て方』第三文明社

野瀬　寛編（1974）『学び方の学級経営』黎明書房

東井　義雄（1979）『子どもの何を知っているか』明治図書

※以上の他に，本文中でも多くの文献を参考にさせていただきました。ここに感謝の意を表します。

【著者紹介】
宗實　直樹（むねざね　なおき）
関西学院初等部教諭。社会科授業 UD 研究会所属。授業研究会「山の麓の会」代表。
1977年兵庫県姫路市夢前町に生まれる。「宗實」姓の全国順位は37462位，およそ70名存在。
大学では芸術系美術分野を専攻し，美学と絵画（油彩）を中心に学ぶ。卒業論文は「ファッションの人間学」。大学卒業後，兵庫県姫路市の公立小学校，瀬戸内海に浮かぶ島の小学校を経て，2015年より現任校へ。
主著に『宗實直樹の社会科授業デザイン』（東洋館出版社），『社会科の「つまずき」指導術』『深い学びに導く社会科新発問パターン集』（以上，明治図書），共著に『歴史人物エピソードからつくる社会科授業42＋α』『GIGA スクール構想で変える！1人1台端末時代の授業づくり2』『社会科授業がもっと楽しくなる仕掛け術』（以上，明治図書）など。『社会科教育』（明治図書）を中心に論文多数。
様々な場所でフィールドワークを重ね，人との出会いを通じて独自の教材開発を進めている。社会科教育，美術科教育，特別活動を軸に，「豊かさ」のある授業づくり，たくましくしなやかな子どもの育成を目指して，反省的実践を繰り返す。
ブログ「社会のタネ」（https://yohhoi.hatenablog.com/）において，社会科理論や実践を中心に日々発信中。

1人1台端末で変える！
学級づくり365日の ICT 活用術

2022年3月初版第1刷刊 ©著	者	宗　實　直　樹
	発行者	藤　原　光　政
	発行所	明治図書出版株式会社

http://www.meijitosho.co.jp
（企画）及川　誠（校正）杉浦佐和子
〒114-0023　東京都北区滝野川7-46-1
振替00160-5-151318　電話03(5907)6703
ご注文窓口　電話03(5907)6668

＊検印省略　　　組版所 中　央　美　版

本書の無断コピーは，著作権・出版権にふれます。ご注意ください。

Printed in Japan　　ISBN978-4-18-387426-9
もれなくクーポンがもらえる！読者アンケートはこちらから
→